LA SALETTE

HISTOIRE CRITIQUE

MÊME LIBRAIRIE

OUVRAGES DE M. L'ABBÉ VERDUNOY

Licencié ès-lettres
Professeur de Première à l'École Saint-François de Sales, Dijon.

HISTOIRE DE LA LITTÉRATURE GRECQUE

ET ÉTUDE DES AUTEURS

1 fort volume in-12, 340 p. Prix.............................. **3 fr. 50**

HISTOIRE DE LA LITTÉRATURE LATINE

ET ÉTUDE DES AUTEURS

1 fort volume in-12, 480 p. Prix.............................. **3 fr. 50**

COURS DE VERSIONS LATINES

Avec méthode de version, locutions latines et étude sur la langue et le style des auteurs, à l'usage des élèves de Troisième, Seconde, Première. 3e série en 4 fascicules : Etude générale, Troisième, Seconde, Première ; chaque fascicule.............. ..... **1 fr. »**

GRAMMAIRE LATINE

Règles et exercices. 1 vol, in-12. Prix.............................. **3 fr. 50**

HISTOIRE DE LA LITTÉRATURE FRANÇAISE

ET ÉTUDE DES AUTEURS

Onzième édition

Première partie : **Histoire générale de la littérature française,** 1 volume in-12. Prix.............................. **3 fr. »**

Seconde partie : **Les auteurs français.**

TOME I. — **Moyen âge** : Chanson de Roland, Villehardouin, Joinville, Froissard, Commynes. — **XVIe siècle** : Montaigne. — **XVIIe siècle** : Corneille, Racine, Molière, Pascal, Bossuet, La Fontaine, Boileau, La Bruyère, Fénelon. **Règles de la dissertation.** 1 fort volume in-12. Prix.............................. **3 fr. 50**

TOME II. — **XVIIIe siècle** : Montesquieu, Voltaire, Buffon, Rousseau, Diderot. — **XIXe siècle** : Chateaubriand, Lamartine, Hugo, Musset, Vigny, Thierry, Michelet, Taine. 1 fort volume in-12. Prix.............................. **3 fr. 50**

LES AUTEURS FRANÇAIS EXPLIQUÉS

Baccalauréat et Brevet supérieur.

Corneille, Racine, Molière, Pascal, Bossuet, La Fontaine, Mme de Sévigné, La Bruyère, Lamartine. 1 vol. in-12. Prix....... **2 fr. 50**

LES AUTEURS FRANÇAIS DU BREVET SUPÉRIEUR

(4e série, Liste triennale 1906-1909)

Etudes, analyses, règles de la composition. 1 fort volume in-12. Prix.............................. **3 fr. 50**

SUJETS D'ANALYSES LITTÉRAIRES

1 vol. in-16. Prix.............................. **0 fr. 70**

EXTRAITS DES GRANDS ÉCRIVAINS

Ont paru : Bossuet, *Œuvres oratoires*, 1 vol. ; — Bossuet. *Œuvres historiques et polémiques*, 1 vol. ; — Mme de Sévigné, 1 vol. ; — Voltaire, 1 vol. ; — Chateaubriand, 1 vol. ; — Rousseau (*Emile*, livre II) ; Voltaire (Lettres) ; Chateaubriand (*Martyrs*, livre VI), 1 vol. ; — Montalembert, 1 vol. — Chaque vol. de 96-120 pp. in-12.............. **0 fr. 50**

Abbé VERDUNOY

La Salette

HISTOIRE CRITIQUE

PARIS
GABRIEL BEAUCHESNE & Cie, ÉDITEURS
ANCIENNE LIBRAIRIE DELHOMME & BRIGUET
117, rue de Rennes, 117

1906

DÉPÔT A LYON : 3, Avenue de l'Archevêché

Imprimatur

Divione, die 10ª aprilis 1906.

† PETRUS
Ep. div.

En exposant avec impartialité les « raisons pour et contre » l'auteur a voulu faire de ces pages un chapitre de l'histoire religieuse au XIXe siècle, chapitre de grande importance, puisqu'on ne peut rester indifférent devant cette question : La sainte Vierge a-t-elle parlé à la Salette?

Malgré ses recherches (v. la bibliographie à la fin du volume), bien qu'il ait recueilli oralement et de divers côtés nombre de faits, il n'a pas tout dit; peut-être même a-t-il commis des inexactitudes. Il exprime donc dès maintenant sa reconnaissance à ceux qui voudront bien lui envoyer des renseignements, indications de dates et rectifications.

LA SALETTE

HISTOIRE CRITIQUE

I

LA « BELLE DAME »

1846-1848

RÉSUMÉ. — Le 19 septembre 1846, vers 3 heures, par un soleil radieux, sur une montagne située à 5 kilomètres du village de la Salette, deux enfants, une bergère de 15 ans et un berger de 11 ans, très ignorants, très peu « mystiques », voient dans une clarté étincelante une « belle dame », revêtue d'un costume étrange ; la dame, parlant tantôt français, tantôt patois, les charge de communiquer à « son peuple » ses plaintes, menaces et promesses ; elle leur confie aussi à chacun un secret. Dès l'année 1846 on constate quelques guérisons produites par la dévotion à « Notre-Dame de la Salette », on fait des pèlerinages, des enquêtes, des rapports ; le rapport principal est celui de la commission de 1847, lequel conclut à l'apparition de la sainte Vierge.

I. — Avant l'apparition.

A 73 kilomètres de Grenoble, à 10 du chef-lieu de canton Corps, à 5 du petit village de la Salette s'élève une croupe arrondie appelée Planeau ou Mont-sous-les-Baisses, dont le versant septentrional forme un plateau assez étroit, pâturage sans arbres ni rochers. De hauts sommets le dominent. Il est coupé par un ravin peu profond où coule le ruisseau appelé la Sézia.

Le samedi matin 19 septembre 1846, samedi des Quatre-Temps et veille de la fête de Notre-Dame des sept douleurs, par un soleil radieux, sous un ciel sans nuage, une quarantaine de petits bergers et de petites bergères, partis du village et des douze hameaux de la Salette, conduisirent, selon leur habitude, leurs vaches et leurs chèvres au plateau. Parmi eux se trouvaient une jeune fille de quinze ans, Mélanie Calvat, et un garçonnet de onze ans, Maximin Giraud, dont les noms allaient devenir célèbres [1].

N'ayant pas fréquenté l'école, tous deux savaient à

1. Mélanie Calvat, dite Mathieu (du surnom de son père : à Corps, de même qu'aux Ablandins, la plupart des hommes ont un surnom. L'abbé Nortet, p. 275, note, dit à tort : « Calvas était le surnom du père Mathieu » ; même erreur dans le « Bulletin des œuvres des missionnaires de la Salette », février 1905, p. 52 : « Françoise-Mélanie Mathieu, dite Calvat »), était née à Corps le 7 novembre 1831, de parents très pauvres. Mise en service dès l'âge de dix ans à Quêt-en-Beaumont, puis à Sainte-Luce, hameau de Saint-Jean-des-Vertus, enfin, *de mars à décembre 1846*, *chez Baptiste Pra*, propriétaire aux Ablandins, hameau de la Salette, elle avait 15 ans au moment de l'apparition ; elle était timide, insouciante, maussade, boudeuse, petite et chétive. Ses changements de résidence se multiplient jusqu'à sa mort. Elle habite chez les sœurs de la Providence, à Corps, décembre 1846-1850 ; y fait sa première communion avec Maximin, 7 mai 1848, à 16 ans et demi ; le 20 octobre 1850, entre au couvent de Corenc, maison-mère des sœurs de la Providence, près de Grenoble, dans un site magnifique, en face de Belledone, 1850-1854 ; y prend l'habit le 10 octobre 1851 avec le nom de sœur Marie de la Croix, qu'elle gardera jusqu'à sa mort, mais sans faire de vœux. Pour raison de santé elle va chez les sœurs de Saint-Vincent de Paul à Vienne (Isère), où elle a une amie. « Au bout de quelques jours, dit un admirateur, elle se persuade qu'on a voulu l'éloigner de son couvent ; elle veut y retourner ; elle manifeste son désir par des larmes, des sanglots qui sont entendus du dehors et diversement interprétés ». L'abbé Déléon (*Dernier mot*, p. 338) dit même : « Un jour, sur l'heure de midi, elle ouvre la fenêtre de sa chambre, appelle au secours, se plaint hautement de la captivité qu'on lui inflige, de la surveillance rigoureuse à laquelle on la soumet, et réclame à grands cris qu'on la rende à la liberté. En même temps elle jette

peine quelques mots de français; l'ignorante Mélanie n'avait pas encore fait sa première communion. Bien

dans la rue un billet sur lequel elle a écrit ses réclamations, ses doléances, ses plaintes et surtout ses désirs. » On la conduit à la montagne de la Salette, puis au couvent de Corps.

Le 20 septembre 1854, elle quitte Corps en compagnie de Mgr Newsham, des abbés Chambon, Gérin, et du P. Burnoud, supérieur de la Salette : on a prétendu que Mgr Ginoulhiac l'envoyait jusqu'en Angleterre, et dans un couvent cloîtré de Carmélites, parce qu'elle prophétisait contre Napoléon III. Dans son mandement du 4 novembre 1854, p. 20, l'évêque disait : « Ne serait-il pas étonnant qu'elle ne se fût pas laissé gagner enfin par l'attachement à son propre sens, qui est un des plus grands périls que courent les âmes favorisées de dons extraordinaires ? Cet attachement à son sens et les singularités qui en sont la suite naturelle fixèrent notre attention dès que nous en fûmes informé. » Mélanie est donc placée au couvent des Carmélites de Darlington (comté de Durham, à 250 milles de Londres), 1854-1860 ; le 23 février 1855, Mgr Hogarth, évêque d'Hexhaw, lui donne l'habit, puis elle fait profession.

En 1860 elle revient en France et se fixe à Marseille chez les religieuses de la Compassion, peu de temps avant que Mgr Petagna, évêque exilé de Castellamare de Stubia (Italie), se réfugie dans ce couvent ; elle le suit en 1867 à Castellamare et y tient une classe de petites filles. « Je puis, écrivait le 24 mai 1880 Mgr Zola, évêque de Lecce, à l'abbé Roubaud, attester devant Dieu qu'elle n'est en aucune manière ni fourbe, ni folle, ni illusionnée, ni orgueilleuse, ni intéressée. J'ai eu, au contraire, l'occasion d'admirer les vertus de son âme ainsi que les qualités de son esprit pendant toute cette période de temps que je l'eus sous ma direction spirituelle, c'est-à-dire de 1868 jusqu'en 1873. » Le 22 avril 1872 elle écrivait à sa mère (Girard, IIIe opuscule, p. 107) : « Je désire, chère mère, que vous écriviez encore à mon frère Auguste qui est à Paris, pour lui dire de sortir de cette ville, ville coupable, siège de tous les vices. Elle doit périr. Hâtez-vous de lui écrire, je vous en supplie, autrement vous aurez à pleurer : cette ville est condamnée ; elle doit disparaître de la terre. Que mon frère sorte, et sorte le plus tôt possible ; il n'y a pas de temps à perdre. Prions beaucoup, chère mère, prions ; les fléaux les plus terribles, et tels qu'ils ne s'en est jamais vu de semblables, vont fondre sur la France... » (la *Semaine religieuse* de Lyon, 12 octobre 1872, attaqua l'authenticité de cette lettre, mais Mélanie la confirma : V. Girard, IIIe opuscule, p. 41).

Après la mort de Mgr Petagna, Mélanie revient en France et reste avec sa mère à Cannes ou au Cannet ; puis elle retourne en Italie, revient en France, monte plusieurs fois au Pèlerinage de la Salette, où elle veut diriger les missionnaires et leur imposer une règle. Sa dernière résidence en France fut Cusset (Allier). Pendant son séjour en France a lieu un incident significatif. En 1857, l'abbé Roujon élevait, à l'aide de souscriptions, une chapelle à Chalon-sur-Saône, et la cédait, comme s'il en eût été propriétaire, à Mélanie, à condition qu'elle y ferait exercer un culte catholique et paroissial ; Mélanie prétendit assurer ce culte par la congrégation des Apôtres qu'ils fussent originaires de Corps et qu'ils eussent conduit ensemble leurs vaches pâturer aux Baisses, ils ne se

des derniers temps qu'elle avait fondée; Mgr Perraud en référa à Rome; on lui répondit : Nous ne connaissons pas cette congrégation. Les affirmations de Mélanie étant erronées et d'ailleurs la chapelle ne lui appartenant pas, l'évêque d'Autun frappa la chapelle d'interdit et excommunia Mélanie; les deux légataires universels de M. Roujon firent condamner Mélanie par le tribunal de Châlon, puis, en appel, par la Cour de Dijon (sur cette affaire, v. *Gazette des tribunaux*, 16 juin 1895).

Enfin Mélanie se retira à Altamura (Italie méridionale); le 15 décembre 1904 l'évêque de la ville, Mgr Cecchini, qui lui portait intérêt, ne l'ayant pas vue paraître, suivant son habitude, à la messe à la cathédrale, envoya son serviteur aux informations. La maison était close; les portes enfoncées par la police, on ne trouva qu'un cadavre. Mélanie avait 73 ans. Il paraît qu'elle a laissé à Altamura une autobiographie consignée sur deux registres. A sa mort, elle avait encore deux sœurs et deux frères, domiciliés l'un à Corps, l'autre à Paris.

Maximin, dit Mémin, Giraud était né à Corps le 27 août 1835, de parents pauvres. Son père exerçait le métier de charron. Mémin perdit sa mère au berceau; le père se remaria; la belle-mère fut bonne pour l'enfant (Nortet, p. 29, dit à tort le contraire). Maximin fut *au service de Pierre Selme, cultivateur aux Ablandins, hameau de la Salette, du lundi 14 au samedi 20 septembre 1846* : le petit berger de Selme étant tombé malade, Selme vint à Corps demander à son ami Giraud de lui donner son fils pour la semaine. Mémin avait onze ans au moment de l'apparition. L'abbé Dupanloup, qui passa avec lui près de quatorze heures en 1848, écrivait : « Le petit garçon surtout m'a étrangement déplu. J'ai vu beaucoup d'enfants dans ma vie, j'en ai vu peu ou point qui m'aient donné une aussi triste impression. Ses manières, ses gestes, son regard, tout son extérieur est repoussant... Sa grossièreté est peu commune; son agitation surtout est vraiment extraordinaire : c'est une nature singulière, bizarre, mobile, légère. »

Il séjourne à Corps, 1846-1849, où il passe toute la journée chez les sœurs de la Providence; il perd sa belle-mère le 24 janvier 1848 et son père le 24 février 1849. En septembre 1850 il est emmené à Ars (incident de l'abbé Vianney, p. 55), puis à Lyon et à Ecully, près de Lyon. Le 21 octobre 1850 il quitte Ecully et revient à Grenoble pour entrer au petit séminaire du Rondeau, en sixième (1850-1851); son étourderie, son amour du jeu l'empêchent d'étudier. Il passe ses grandes vacances, août-juillet 1851, à la Grande-Chartreuse; Mgr de Bruillard le place au petit séminaire de la Côte-Saint-André (1851-1852), où les progrès ne sont pas plus remarquables. L'enfant passe ses vacances de 1852 chez l'abbé Rabilloud, curé de Meyrié, près Bourgoin. Le 10 décembre 1852 il écrivait de la Côte à sœur Sainte-Thècle, supérieure des religieuses de Corps : « Il arrivera en France des troubles et même une persécution; mais ne craignez rien. En attendant que dans mes autres lettres je vous dise le reste, tenez-vous prête dès aujourd'hui à fuir ou à être prisonnière. » On le reconnaissaient que de la veille, vendredi. Ils étaient en service au hameau des Ablandins, la fillette chez Pra, depuis le mois de mars ; le garçon chez Selme, depuis

met au Rondeau pour qu'il refasse sa cinquième, toujours sans succès. On espère alors qu'un enseignement particulier lui sera plus utile et il reste trois ans, 1853-1856, chez l'abbé Champon, curé de Seyssins, près Grenoble.

A la fin de 1856 le frère de l'abbé Champon, jésuite et professeur au grand séminaire d'Aire-sur-l'Adour, emmène Maximin à Aire. Le jeune homme y reste trois ans, 1856-1859 ; après, commence une vie de misère. « Quand, à mon retour d'Aire, écrivait-il le 29 décembre 1864 au P. Berlioz, missionnaire de la Salette, je me suis placé chez le percepteur de la Trance, M. Gerry, vous avez consenti à payer ma pension alors seulement pour un mois ou deux. Quand je fus bientôt renvoyé (1859), faute de savoir le calcul, et que je pris la route de Paris, vous avez été heureux tous... Quand j'ai fait une demande de secours comme malade impotent, tout rempli de douleurs rhumatismales pour avoir couché sur la terre humide et souffert la faim et la soif dans Paris, vous l'avez dédaignée... Je suis alité tous les quinze jours, à la charge d'autrui, à la mendicité, pendant qu'à la Salette on bénéficie de la parole de Mélanie et de la mienne. »

Le 25 août 1859 il obtient enfin un poste à l'hospice du Vésinet, fondé pour les ouvrières convalescentes ; il est nourri, logé, blanchi, chauffé et gagne 1.200 francs. Six mois après, par suite d'une cabale, il est remercié (10 janvier 1860). Des amis le placent au collège de Tonnerre pour qu'il y continue ses études ; il ne s'y maintient pas deux ans et quitte en août 1861.

A cette époque sa grand'mère vient de mourir ; il est adopté par de braves commerçants parisiens, M. et Mme Jourdain, qui vont désormais le traiter en fils chéri, se retireront auprès de lui à Corps après la perte complète de leur fortune en 1870 et lui fermeront les yeux. En 1863 il devient également le protégé d'un riche Espagnol, le comte Narcisse de Penalver, le même qui donna à la Salette les statues de la Vierge en bronze, et dont le caractère exalté apparaît bien dans ces deux fragments de lettres écrites par lui à Maximin : « Barcelone, 28 avril 1866. Je trouve votre *Profession de foi* décisive, admirable, inspirée. Ne vous récriez pas, mon ami. Oui, votre livre, à l'heure présente, c'est un événement providentiel, miraculeux, une saillie de Dieu, inattendue comme toutes les siennes. Vous n'y êtes, veuillez m'en croire, absolument pour rien comme auteur, excepté en ce qui regarde la bonne volonté. *Le fond, le style, le plan de l'ouvrage, tout cela est de la très sainte Vierge*... — 26 juillet 1866. Mon tout cher Maximin, n'étant pas tenu à la même réserve que vous et quelque épaisse que soit l'ombre dont vous entourez vos idées, je lis dans votre esprit, dans votre cœur, et les mystères de la Salette, grâce à Dieu et à Marie, quoique je m'en reconnaisse très indigne, *me sont devenus quelque peu transparents*... Autrement me serais-je efforcé d'entrer en relation au moins avec l'un des deux témoins du miracle ? Lui aurais-je tendu la main et assuré le lundi et seulement pour la semaine. Dans sa déclaration du 28 septembre 1847 (Rousselot, *la Vérité...*,

une existence honorable et découvert le fond de mon cœur et les plus secrètes vibrations de mon âme amie ? »

Au retour d'un voyage au Havre, fin septembre 1861, tombé malade à Paris et soigné à l'hôpital Saint-Louis, Maximin veut se faire médecin et étudie trois années (1861-1864). A la fin d'avril 1865 la marquise de Pigneroles l'envoie à Frohsdorff visiter le comte de Chambord, puis à Rome ; là, le 23 avril, il s'engage pour six mois dans les zouaves pontificaux. En octobre il revient en France cultiver une propriété qu'il a achetée à grands frais, grâce à un don du comte de Penalver. Au mois de février 1866 il publie *Ma profession de foi*.

En 1868 il revient à Corps, qu'il ne quittera plus que pour monter parfois au Pèlerinage. La misère augmente : Mgr Ginoulhiac et les Pères de la Salette lui offrent, l'un, une existence assurée dans un de ses séminaires ; les autres, un asile honorable chez eux : Maximin préfère la liberté... et la misère. « Je suis toujours là-haut, écrit-il le 20 août 1869. J'y pleure sans cesse. Le matin on me fait lever dès cinq heures. Je répète mon récit plusieurs fois par jour. Souvent vers minuit je suis encore à signer des images. Aussi je suis épuisé de fatigue. Comme je n'ai pas le sou je ne sais que faire. » A bout de ressources, il s'associe avec un nommé V... pour la vente de la « liqueur salétine », mais l'associé retire seul les bénéfices. Maximin est resté un être sans défense. Le 2 mars 1872 il écrit à Mgr Paulinier : « Les bons Pères de la Salette ayant fait une grande provision de charbon, de blé, de pommes de terre, si vous leur permettez de m'en donner une poignée qui me rendrait énormément service, ils n'en souffriraient point, me disent-ils... Ce n'est que le grand besoin, la faim, qui parfois me fait demander du pain à M. le curé de Corps et au P. Pons. Rien de plus pénible à ceux qui ont toujours été dans le bien-être. Si rude a été l'hiver ! Nous avons tant souffert ! Que votre cœur ne soit point fermé à un pauvre enfant de votre diocèse, l'enfant privilégié de Notre-Dame de la Salette, par qui tant de bien s'est fait et se fait encore tous les jours dans notre pays ! » Le 26 avril il écrit encore à son évêque : « Muletiers, voituriers, hôteliers gagnent plus que leur vie en niant à l'occasion ou même en insultant l'apparition de Marie, tandis que moi, traité d'escroc et de fourbe, tout en défendant un si mémorable événement, je meurs de faim. »

Le 8 juin 1872 les Pères de la Salette déclaraient au verso de la couverture des *Annales* qu'ils n'étaient pour rien dans la fabrication et dans le commerce de la « liqueur salétine ». Le 21 août, lors du premier pèlerinage national, Mgr Paulinier disait, dans son premier sermon sur la montagne, en parlant de Maximin : « Egaré quelquefois, comme le prodigue, par un de ces mystères d'abus de la grâce dont Dieu se réserve le secret, et visité par l'épreuve la plus terrible de toutes, celle de la pauvreté et de la faim... » Le 8 septembre le prélat écrivait au *Temps* : « Je déplore autant que vous le commerce de liqueurs établi sur la montagne de la Salette. C'est une spéculation misérable, qui blesse profondément mon cœur chrétien pp. 47-48)[1] Pierre Selme nous apprend par suite de quelles circonstances inattendues Maximin se trouvait aux Ablandins.

Le dimanche 13 septembre 1846 je suis allé à Corps pour y chercher un petit garçon qui pût garder mon troupeau de vaches : le berger qui était en service chez moi était tombé malade depuis plusieurs jours. N'ayant pu en trouver, je m'adressai à un de mes amis, le père Giraud, charron à Corps, et je le priai de me confier son fils pendant une huitaine de jours. Il s'y refusa d'abord et finit par céder à mes instances.

et tous mes religieux partagent ma tristesse. » Enfin, le 4 décembre de la même année 1872, Maximin écrivait à un curé cette lettre navrante : « Depuis la guerre je ne gagne presque rien. La vente de la liqueur ne marche pas. V... ne me paie point. Il est lui-même dans une très mauvaise position. Tout ceci fait que je suis pour le moment sans argent et logé, nourri, entretenu à la charge de plusieurs amis généreux. Mgr de Grenoble ne l'a-t-il pas répondu au *Temps?* Il a fort bien expliqué que je suis pauvre et que, l'hiver, on était obligé de venir à mon secours. L'année prochaine je ferai les objets de piété pour mon compte. M. et Mme Jourdain sont encore plus malheureux que moi : outre qu'ils sont à ma charge, ils n'ont même pas le linge de rechange. »

Le pauvre Maximin restait plein d'illusions. Vers 1874 il écrivait : « L'année dernière, ici, sur la sainte montagne, je vous disais que j'aimais les Carlistes et *je vous affirmais leur entrée à Madrid.* Ils ont fait bien des progrès. Ainsi j'espère avec la grâce de Dieu les voir bientôt à Madrid et *notre roi* (Henri V) *sur le trône de France.* »

Bavard, bon garçon, généreux, désintéressé, insouciant, un peu trop franc buveur, oui, tel était Maximin, mais il ne cessa d'attester la réalité de l'apparition.

En 1874, sa santé devint plus mauvaise ; le 4 novembre, se trouvant mieux, il voulut réaliser son ardent désir et monta au Pèlerinage, communia le lendemain, passa de longues heures à genoux dans la basilique, se remplit une dernière fois les yeux du chemin parcouru par la « belle dame », but longuement à la fontaine, refit pour la millième fois, au couvent d'abord, puis sur place, le récit de l'apparition et redescendit à Corps. Le 1er mars 1875 il mourait dans la maison paternelle, au milieu de ssouffrances et de la misère, muni des sacrements. En tête de son testament on lit : «... Je crois fermement, même au prix de mon sang, à la célèbre apparition de la très sainte Vierge sur la montagne de la Salette le 19 septembre 1846, apparition que j'ai défendue par paroles, par écrits et souffrances. Après ma mort que personne ne vienne assurer ou dire qu'il m'a entendu me démentir sur le grand évènement de la Salette, car en mentant à l'univers il se mentirait à lui-même. »

1. Pour cet ouvrage et pour les autres cités dans cette étude, voir la Bibliographie à la fin du volume.

Le père Giraud avait envoyé son fils Maximin, communément appelé Germain ou Mémin, à Saint-Julien pour faire une commission auprès du sieur Vieux. Celui-ci, voyant cet enfant arriver chez lui à la tombée de la nuit, ne voulut pas le laisser partir et le fit coucher chez lui. J'allai l'y chercher le lendemain et l'emmenai aux Ablandins. Cet enfant est allé, le jour même et les jours suivants, garder nos quatre vaches dans le champ que j'ai sur le versant du midi de la montagne, aux Baisses, à peu de distance de la croix dernièrement plantée au sommet de cette montagne. Des propriétés privées s'étendent sur tout ce versant. La commune de la Salette possède en propriété le plateau qui est sur le versant du nord et sur lequel se sont passés les événements dont parlent Maximin Giraud et Mélanie Mathieu. Comme je craignais que le petit Maximin ne surveillât pas avec assez de soin mes vaches, qui pouvaient facilement se précipiter dans les nombreux ravins de la montagne, je suis allé moi-même travailler à ce champ les lundi 14 du même mois, mardi, mercredi et vendredi de la même semaine. Je déclare que pendant tous ces jours-là je n'ai pas perdu de vue un instant le petit garçon, m'étant facile de le voir à quelque endroit de mon champ qu'il se tînt parce qu'il ne s'y rencontre aucun monticule. Je dois seulement ajouter que, le premier jour, lundi, je le menai sur le plateau dont je viens de parler pour lui indiquer une petite source où il devait faire boire mes vaches. Il les y menait tous les jours à midi et il revenait immédiatement se replacer sous ma surveillance. Le vendredi 18 je le vis s'amuser avec la petite Mélanie Mathieu qui gardait les vaches de Baptiste Pra, mon voisin, dont le champ touche le mien. J'ignore si cet enfant la connaissait avant de venir chez moi ou s'il a fait sa connaissance au hameau des Ablandins. Je ne les y ai jamais vus ensemble. Ils se rendaient tous les deux de grand matin dans leurs champs, ne revenaient que le soir et allaient se coucher après avoir mangé leur soupe. Le samedi 19 septembre je retournai dans mon champ comme d'habitude avec le petit Maximin. Vers les onze heures, onze heures et demie du matin, je lui dis de mener nos vaches à la fontaine sur le plateau situé sur le versant nord de la montagne. Cet enfant me dit alors : « Je vais appeler la petite Mélanie Mathieu pour y aller ensemble. » Ce jour-là il ne vint pas me trouver dans mon champ après avoir fait boire mes vaches. Je ne le revis que le soir, à la maison, lorsqu'il les reconduisit à l'étable. Je lui dis alors : « Eh bien ! Maximin, tu n'es pas revenu me trouver dans mon champ ! — Oh ! me dit-il, vous ne savez pas ce qui est arrivé ! — Et qu'est-ce donc qui est arrivé ? » lui demandai-je. Et il m'a répondu : « Nous avons trouvé près du ruisseau une belle dame qui nous a amusés longtemps et qui nous a fait deviser avec Mélanie... »

II. — L'apparition.

Vers l'heure de midi, en effet (Rousselot, *la Vérité...*, p. 52), que les deux bergers reconnaissent au son de la l'Angelus, ils prennent leurs petites provisions et vont goûter à une petite fontaine, dite des hommes, à gauche de la Sezia. Leur repas fini, ils descendent, traversent le ruisseau et déposent leurs sacs séparément près d'une autre fontaine alors tarie. Ils descendent encore quelques pas et, contre leur ordinaire, disent-ils, ils s'endorment à quelque distance l'un de l'autre. Vers trois heures, peu après leur réveil, avait lieu l'apparition.

Plusieurs relations en furent écrites dès le début et envoyées à l'évêché de Grenoble.

La plus ancienne est celle écrite par Baptiste Pra le 20 septembre 1846, lendemain de l'apparition : « l'original, après avoir passé de main en main à la Salette et à Corps, a fini par être emporté par un pèlerin » (Rousselot, *la Vérité...*, p. 60), mais cet original fut communiqué, le 28 février 1847 [1], par Pra à l'abbé Lagier, originaire de Corps, alors dans sa famille, et copié par ce prêtre ; en 1854 (mandement du 4 novembre 1854) les deux co-signataires survivants, Baptiste Pra et Moussier,

1. Il est étrange que l'abbé Mélin, curé de Corps, et l'abbé Louis Perrin, curé de la Salette, qui ont certainement interrogé Pra en octobre 1846, n'aient pas connu l'existence de cette déclaration si importante, ou que, l'ayant connue, ils n'aient pas demandé l'original et n'en aient rien dit dans leurs rapports à l'évêché.

reconnaissaient l'exactitude absolue de la copie. Ecrite dans un français incorrect (p. 11), la relation est très précieuse à cause de sa date et des mots : « pour l'année qui vient ».

Les autres sont celles de l'abbé Mélin, curé de Corps, septembre 1846; de l'abbé Louis Perrin, curé de la Salette, octobre 1846; des abbés Day et Guillaud, ce dernier professeur à la maîtrise de la cathédrale, octobre 1846; de l'abbé Emery, vicaire à Mens; de l'abbé Chambon, supérieur du petit séminaire du Rondeau, qui gravit la montagne le 20 octobre 1846, mais ne rédigea son récit que vingt jours après son retour à Grenoble, le 10 novembre, avec le concours de ses trois compagnons[1]; enfin de Giraud, greffier de la justice de paix de Corps.

Toutes formèrent le dossier[2] dont parle Mgr Ginoulhiac (mandement du 4 novembre 1854). « Les relations de MM. les abbés Day et Guillaud, ajoute l'évêque de Grenoble, quoi qu'ils fussent eux-mêmes allés sur les lieux peu après l'événement, ne sont guère que la reproduction, à quelques termes près, d'une relation de M. l'abbé (Louis) Perrin, curé de la Salette, et qui remonte au mois d'octobre 1846. Celles de M. le curé de la Mure et de M. Emery en diffèrent peu. La relation de M. l'abbé Chambon, comme celle de M. le curé de Corps, ne rapporte le fait et ses circonstances que sommairement et à grands traits. »

Il est fâcheux que l'abbé Jacques Perrin, curé de la

1. MM. Oriol, plus tard curé de Saint-Maurice de Vienne; Martin, ensuite curé de la Tronche; Garnier, devenu missionnaire à Paris et que nous retrouverons p. 90. — Le récit se trouve dans Nortet, p. 266.

2. Rousselot (*Nouveaux documents*, p. 17) l'appelle « dossier volumineux »; mais dans *la Vérité*..., pp. 60-64, il ne cite que quatre relations : celles de l'abbé Lagier, de MM. Lambert, Dumanoir et Chambon, et ne dit pas qu'elles sont postérieures à l'apparition de cinq, de huit, de douze, de trois mois.

Salette, auquel les deux bergers racontèrent, le 20, l'apparition, n'ait point pris, très exactement, ce matin-là, sous la dictée des enfants interrogés séparément, le texte français et le texte patois. Ce dernier ne nous a été conservé que dans les relations de l'abbé Lagier (Corps, février 1847, récit de Mélanie) et de l'abbé Lambert, prêtre du diocèse de Nîmes (29 mai 1847, récit de Maximin).

Les premières relations servirent de base à la commission des chanoines et des professeurs du grand séminaire de Grenoble pour son rapport du 15 décembre 1846.

Je donne d'abord le premier récit, de Pra, avec son titre singulier et ses incorrections [1].

Lettre dictée par la sainte Vierge à deux enfants sur la montagne de la Salette-Fallavaux.

(3) Avancez, mes enfants, n'ayez pas peur, je suis ici pour vous conter une grande nouvelle : (4) Si mon peuple ne veut pas se soumettre, je suis forcée à laisser aller la main de mon fils ; *il* est si forte et si pesante que je ne peux plus la maintenir ; depuis le temps que je souffre pour vous autres, si je veux que mon fils ne vous abandonne pas, je suis chargée de le prier sans cesse moi-même ; pour vous autres *n'en faites*

1. (Rousselot, *la Vérité...*, p. 61, d'après le manuscrit (40 pages) de l'abbé Lagier, février 1847). — Les numéros, ajoutés par moi, correspondent à ceux du long récit p. 13 ; la liaison entre 9 et 11 provient de ce que les enfants ont raconté tout à la suite, sans faire allusion aux secrets, comme s'il n'y en avait pas (ils n'en parleront que le 3 octobre). — Dès la première relation les difficultés surgissent. 1° Le titre (*Lettre*) est bien étrange, mais surtout il ne concorde pas du tout avec la déposition du même Baptiste Pra, écrite le 28 septembre 1847 et où il dit (Rousselot, *la Vérité...*, p. 46 ; v. *infra*, p. 39) : « Les premiers jours je n'ai point ajouté foi au récit des enfants. » Comment dès lors peut-il, le lendemain de l'apparition, intituler sa déclaration : « Lettre dictée *par la sainte Vierge* » ? 2° Selon Mlle des Brulais (*Echo de la sainte montagne*, p. 157), qui interrogea plusieurs fois Mélanie, celle-ci lui affirma que ses maîtres, *ne comprenant pas le français*, n'ont compris dans le récit de la dame que la partie en patois ; s'il en est ainsi, Pra n'a donc pas rédigé cette relation. — On ne peut conclure de la transposition 13-12 que, dans ce passage, les enfants n'ont pas gardé l'ordre chronologique : elle peut être le fait de Pra.

pas de cas, vous aurez beau faire, jamais vous ne pourrez récompenser la peine que j'ai *pris* pour vous autres.

(5) Je vous ai donné six jours pour travailler, je me suis réservé le septième et on ne veut pas me l'accorder, c'est ça qui appesantit tant la main de mon fils, et aussi ceux qui mènent les charrettes ne savent pas jurer sans mettre le nom de mon fils au milieu; c'est les deux choses qui appesantissent tant la main de mon fils.

(6) Si la récolte se gâte, ce n'est rien que pour vous autres, je vous l'avais fait voir l'année passée par les pommes, mais *vous n'aviez pas fait cas; que* c'était au contraire quand vous trouviez des pommes de terre gâtées, vous juriez et vous mettiez le nom de mon fils au milieu.

Ils vont continuer *que* cette année pour la Noël il n'y en aura plus. (7) Vous ne comprenez pas, mes enfants, je m'en vais vous le dire autrement. (9) Si vous avez du blé, il ne faut pas le semer, tout ce que vous sèmerez les bêtes le mangeront et ce qu'il restera encore que les bêtes n'auront pas mangé, l'*année qui vient en le battant tombera dans la poussière.*

Il viendra une grande famine; avant que la famine arrive les enfants au-dessous de sept ans prendront un tremble, *qui* mourront entre les mains des personnes qui les tiendront.

Les autres feront pénitence *en* famine, les noix viendront boffes et les raisins pourriront, (11) et s'ils se convertissent, les pierres et les rochers deviendront des amas de blé et les pommes de terre seront ensemensées (pour l'année qui vient). (13) L'été *ne va* que quelques femmes un peu vieilles à la messe le dimanche, et les autres travaillent, et l'hiver les garçons lorsqu'ils ne savent pas que faire vont à la messe *que* pour se moquer de la religion. Le monde ne *font* point de carême; ils vont à la boucherie comme les chiens. (12) Faites-vous bien votre prière, mes enfants ? Pas beaucoup, Madame. Il faut bien la faire soir et matin et dire au moins un *Pater* et un *Ave* quand vous ne pourrez pas mieux faire.

(14) N'avez-vous point vu de blé gâté, mes enfants ? Non, Madame; mais mon enfant vous *n'en* devez bien avoir vu une fois que vous étiez allé avec votre père au *couin qu'il* y avait un homme qui dit à votre père de venir voir son blé qui était gâté, puis votre père y est allé, et il prit quelques épis dans sa main, il les frotta *et tombèrent* en poussière, puis en s'en retournant comme ils étaient encore une demi-heure loin de

Corps, votre père vous donna un morceau de pain et vous dit : Tiens mon enfant, mange encore du pain cette année *que* nous ne savons pas qui en va manger l'année qui vient si ça continue comme ça.

(15) Allons, mes enfants, faites-le bien passer à tout mon peuple.

Signé : PRA (Baptiste), J. MOUSSIER, SELME (Pierre).

Citons maintenant, en deux colonnes, le récit des chanoines Rousselot et Orcel (15 octobre 1847), tel, disent ces rapporteurs officiels (p. 53), que les deux enfants « le donnèrent, le 19 au soir, à leurs maîtres, et le lendemain, dimanche, au curé de l'endroit ; tel que le donna, le même jour, Mélanie à M. Peytard, maire de la Salette ; tel qu'ils le donnèrent, les jours suivants, aux habitants de la Salette et de Corps ; tel qu'ils l'ont constamment donné depuis [1] ».

I. — LA DAME APPARAÎT.

Récit de Mélanie. (pp. 53-59)	*Récit de Maximin.* (pp. 64-69)
1. Nous nous étions endormis... puis je me suis réveillée la première, et je n'ai pas vu mes vaches. J'ai réveillé Maximin. « Maximin, j'ai dit, viens vite, que nous allions voir nos vaches. » Nous avons passé le ruisseau, nous avons monté vis-à-vis nous, et nous avons vu de l'autre côté nos vaches couchées ; elles n'étaient pas loin. Je suis redescendue la première, et lorsque j'étais à cinq ou six pas avant d'arriver au ruisseau,	Après avoir fait boire nos vaches et avoir goûté, nous nous sommes endormis à côté du ruisseau, tout près d'une petite fontaine tarie. Puis Mélanie s'est réveillée la première et m'a éveillé pour aller chercher nos vaches. Nous sommes allés voir nos vaches et en nous retournant nous les avons vues couchées de l'autre côté. Puis, en descendant,
2. j'ai vu une clarté comme le soleil, encore plus brillante, mais pas de la même couleur, et j'ai dit à Maximin :	Mélanie a vu une grande clarté vers la fontaine et elle m'a dit : « Maximin, viens voir cette clarté ». Je suis allé

1. J'ajoute les titres et les numéros.

« Viens vite voir une clarté là-bas. » Et Maximin est descendu en me disant : « Où elle est? »Je lui ai montré avec le doigt vers la petite fontaine et il s'est arrêté quand il l'a vue. Alors nous avons vu une dame dans la clarté; elle était assise la tête dans ses mains. Nous avons eu peur; j'ai laissé tomber mon bâton. Alors Maximin m'a dit : « Garde ton bâton; s'il nous fait quelque chose, je lui donnerai un bon coup. »

3. Puis cette dame s'est levée droite, elle a croisé les bras et nous a dit : « Avancez, mes enfants, n'ayez pas peur; je suis ici pour vous conter une grande nouvelle. »

vers Mélanie, puis nous avons vu la clarté s'ouvrir, et dedans nous avons vu une dame assise comme ça (l'enfant s'assied, les coudes sur les genoux, la figure dans les mains), et nous avons eu peur. Et Mélanie a dit : « Ah! mon Dieu! » et elle a laissé tomber son bâton, et je lui ai dit : « Garde ton bâton, va! Moi, je garde le mien; s'il nous fait quelque chose je lui donne un bon coup de bâton! » (L'enfant sourit en racontant cette circonstance.)

Et la dame s'est levée, a croisé les bras et nous a dit : « Avancez, mes enfants, n'ayez pas peur; je suis ici pour vous conter une grande nouvelle. » Et nous n'avons plus eu peur.

2. — Plaintes, menaces et promesses de la dame.

4. Puis nous avons passé le ruisseau, et elle s'est avancée jusqu'à l'endroit où nous nous étions endormis. Elle était entre nous deux; elle nous a dit en pleurant tout le temps qu'elle nous a parlé (j'ai bien vu couler ses larmes) : « Si mon peuple ne veut pas se soumettre, je suis forcée de laisser aller la main de mon fils. Elle est si forte, si pesante, que je ne peux plus la maintenir. Depuis le temps que je souffre pour vous autres! Si je veux que mon fils ne vous abandonne pas, je suis chargée de le prier sans cesse. Et pour vous autres, vous n'en faites cas.

Puis nous nous sommes avancés, avons passé le ruisseau, et la dame s'est avancée vers nous autres, à quelques pas de l'endroit où elle s'était assise, et elle nous a dit : « Si mon peuple ne veut pas se soumettre, je suis forcée de laisser aller le bras de mon fils; il est si lourd et si pesant que je ne puis plus le retenir. Depuis le temps que je souffre pour vous autres! Si je veux que mon fils ne vous abandonne pas, je suis chargée de le prier sans cesse pour vous autres qui n'en faites pas cas.

Vous aurez beau prier, beau faire, jamais vous ne pourrez récompenser la peine que j'ai prise pour vous autres.

5. « Je vous ai donné six jours pour travailler, je me suis réservé le septième, et on ne veut pas me l'accorder. C'est ça qui appesantit tant la main de mon fils. Ceux qui conduisent les charrettes ne savent pas jurer sans y mettre le nom de mon fils au milieu. Ce sont les deux choses qui appesantissent tant la main de mon fils.

6. « Si la récolte se gâte, ce n'est rien qu'à cause de vous autres. Je vous l'ai fait voir l'année passée par les pommes de terre ; vous n'en avez pas fait cas. C'est au contraire : quand vous trouviez des pommes de terre gâtées, vous juriez, vous mettiez le nom de mon fils. Elles vont continuer ; que cette année, pour Noël, il n'y en aura plus ».

7. Et puis, moi, je ne comprenais pas bien ce que cela voulait dire : des pommes de terre. J'allais dire à Maximin ce que ça voulait dire : des pommes de terre ; et la dame nous a dit : « Ah ! mes enfants, vous ne comprenez pas ; je m'en vais le dire autrement. » Puis elle a continué (Mélanie continue effectivement son récit en patois):

8. « Si las truffas se gastoun, ei rien que per vous aoutres ; vous oou aïou fa veyre, l'an passa ; n'aia pas vougu fas conti ; qu'era oou countrere : quand troubava de truffas gastas, djurava, l'y

« Je vous ai donné six jours pour travailler, je me suis réservé le septième, et on ne veut pas me l'accorder ! C'est ça qui appesantit tant le bras de mon fils. Aussi ceux qui mènent les charrettes ne savent plus jurer sans y mettre le nom de mon fils. Ce sont les deux choses qui appesantissent tant le bras de mon fils.

« Si la récolte se gâte, ce n'est rien que pour vous autres. Je vous l'ai fait voir l'année dernière par la récolte des pommes de terre ; vous n'en avez pas fait cas ; c'est au contraire : quand vous en trouviez de gâtées, vous juriez, vous mettiez le nom de mon fils. Elles vont continuer à pourrir et à Noël il n'y en aura plus. »

Mélanie ne comprenait pas bien et commençait à me demander ce que c'était ; de suite la dame répondit : « Ah ! vous ne comprenez pas le français, mes enfants ? Attendez, que je vais vous le dire autrement. » Et elle nous parla en patois.

« Si la recolta se gasta, ei re que per vous auctres. Vous l'aiou fa veire l'an passa per las truffas, n'aya pas fa cas. Era oou countrere : quand n'en troubava de gastas, jurava, l'y bitava lou noum de bitava lou nouc de moun fis oou mey. E van continua, qu'aqcy an per Tsalendas n'y oourè plus.

9. « Si ava de bla, foou pas lou semenas, que tout ce que semenarè, las bestias vous lou mendjarein, é ço que vendrè tombarè tout en poussiera quant l'eyquoiré. Vendret una granda famina. D'avant que la famina vene lous maris oou dessous de sept ans prendren un tremble, muriren entre las mas de las personnas que lous tendren, e lous aoutres faren leur penitença de famina. Las nouzes vendren boffas, lous rasins puriren [1]. »

moun fis. Van countinua que per Chalendas n'y oucre plus.

« Aqucou qu'a de bla de pas lou semena, que las bestias lou mengearein ; si n'en ven quaouquas plantas, en l'eicoucan toumbare tout en poussiera. Vai veni una granda famina. D'avan que la famina vene, lous marinous maris ooue dessou de sept ans prendren un tremble, muriren entre lous bras de las persounas que lous tendrein, et lous grands faren lour penitença de fan. Lous rasins purirein ; las nouzes vendren boffas. »

3. — Le secret de Maximin et de Mélanie.

10. Ici [à la fin de son récit] on demande à Mélanie : « Ne t'a-t-elle pas dit autre chose ? — Non, Monsieur. — Ne t'a-t-elle pas dit un secret ? — Oui, Monsieur, mais elle nous a défendu de le dire. — Sur quoi a-t-elle parlé ? — Si je vous dis sur quoi, vous comprendrez bientôt ce que c'est. — Quand t'a-t-elle dit

1. *Traduction du patois.* 8. Si les pommes de terre se gâtent, ce n'est rien que pour vous autres. Je vous l'ai fait voir l'an passé ; vous n'en avez pas voulu faire cas. Que c'était au contraire : quand vous trouviez des pommes de terre gâtées, vous juriez en y mettant le nom de mon fils au milieu. Elles vont continuer ; que cette année, pour la Noël, il n'y en aura plus. — 9. Si vous avez du blé, il ne faut pas le semer : tout ce que vous sèmerez, les bêtes le mangeront ; ce qui viendra tombera tout en poussière quand vous le battrez. Il viendra une grande famine. Avant que la famine vienne les enfants au-dessous de sept ans prendront un tremblement et mourront entre les mains des personnes qui les tiendront ; les autres feront pénitence par la famine. Les noix deviendront mauvaises et les raisins pourriront.

ton secret ? — Après avoir parlé des noix et des raisins. Mais avant qu'elle me le donnât, il me semblait qu'elle parlait à Maximin et je n'entendais rien. — T'a-t-elle dit ton secret en français ? — Elle me l'a dit en patois. »

4. — La dame parle de nouveau aux deux enfants.

11. « Si se counvertissoun, las peyras, lous routsas seren de mounteoùs de bla, las truffas seren ensemensas per las terras.

12. « Fasa bian vouatra priera, mous marris ? » Tous deux nous avons répondu : « Pas guaïre, Madama ». « Tsoou bian la fas, mous marris, vepre e mati, quant diria oou-men qu'un Pater e un Ave Maria, quant pouire mey fas n'en mai dire.

13. « Vai que quaouqua fena un paoù d'iadje à la messa, lous aoutres trabailloun tout l'stiou la dimentsa ; e l'hiver quant saboun pas que fas, lous garçous van à la messa per se mouquas de la relidjiou ; è la careyma van à la boutsaria couma lous tsis.

14. « N'ava djis vegu de bla gasta, mous marris ? » Maximin répondit : « Oh ! nou, Madama. » Moi, je ne savais pas à qui elle demandait cela, et je répondis bien doucement : « Nou, Madama, n'ai dgis vegu. » « E vous, moun marri, n'en deva bian ave vegu, un viadje ves lou Couin embe vouetre paire ? Que lou mestre de la peça, que disia à

« Si se counvertissoun, las peiras, lous routchas vendren en de bla, la truffa se troùbare ensemença per la terra. »

Puis elle nous dit : « Fasa bien vouatra priera, mous maris ? » Tous deux nous répondîmes : « Oh ! nou, Madama, pas gaïre. » Et elle nous dit : « Ah ! mous maris, la chou bien fa vepre e mati. Quan n'ouere pas lou tems, n'en mai dire.

« Vai que quaouqua fena en paou d'iaje a la messa et lous aouetres trabailloun tout l'estieou ; et pei van en hiver a la messa rien que per se mouqua de la religiou. Van a la boucharia couma de chis. »

... Ensuite elle a dit : « Nava gi vegu de bla gasta, mous maris ? » Je répondis : « Oh ! no, Madama, n'aven gi vegu. » Alors elle m'a dit : « Me tu, moun mari, n'en deves bien ave vegu un viage ves lou Couin embe toun papa : que l'home de la peça dicet a toun papa : Vene veire moun bla gasta ! L'ei anera, prenguet dous, treis cipias de bla din sa ma, vouctre paire d'anas veyre soun bla gasta, e pey le anera tous doux, prenguera dous, treis eipias de bla din vouatras mas, las froutera, a tseyguet tout en poussiera, e pey vous n'entournera ; quant era plus que dimè houra luen de Couarp vouetre paire vous beylle una peça de pa en vous disant : Te, moun marri, mendja encas de pa aqueytan, que sabou pas qui n'en vaï mendjas l'an que ven, si lou bla countinua couma quo. » Maximin a répondu : « Oh ! si, madama, m'en rappellou avus, ades me n'en rappellavou pas[1]. »

15. Après cela la dame a dit en français : « Eh bien ! mes enfants, vous le ferez passer à tout mon peuple. »

ma, et pei que las fretet, et que toumbet tout en poussiera. Et pei qu'en vous retournan n'era plus que dimei houra lucin de Couarp et que toun papa te doune una peça de pa en te disan : Te, moun mari, mengea aqueou pa, que saou pas qui n'en vai mangea l'an que ven. » Je lui répondis : « Ei bien vrai, Madama, m'en rappelavou pas. »

Après cela elle nous a dit en français : « Eh bien ! mes enfants, vous le ferez passer à tout mon peuple. »

1. 11. S'ils se convertissent, les pierres et les rochers se changeront en monceaux de blé et les pommes de terre seront ensemencées par les terres. — 12. Faites-vous bien votre prière, mes enfants ? » Tous deux nous avons répondu : « Pas guère, Madame. — Il faut bien la faire, mes enfants, soir et matin. Quand vous ne pourrez pas mieux faire, dire seulement un *Pater* et un *Ave Maria*. Et quand vous aurez le temps, en dire davantage. — 13. Il ne va que quelques femmes âgées à la messe ; les autres travaillent le dimanche tout l'été, et l'hiver, quand ils ne savent que faire, les garçons ne vont à la messe que pour se moquer de la religion. Le carême, on va à la boucherie comme des chiens. — 14. N'avez-vous pas vu du blé gâté, mes enfants? » Maximin répondit : « Oh ! non, Madame. » Moi je ne savais pas à qui elle demandait cela, et je répondis bien doucement : « Non, Madame, je n'en ai pas encore vu. — Vous devez bien en avoir vu, vous, mon enfant, une fois vers la terre du Coin, avec votre père. Le maître de la pièce dit à votre père d'aller voir son blé gâté ; vous y êtes allés tous les deux. Vous prîtes deux ou trois épis dans vos mains, les froissâtes, et tout tomba en poussière ; puis vous vous en retournâtes. Quand vous étiez encore à demi-heure de Corps votre père vous a donné un morceau de pain et vous a dit : « Tiens, mon enfant, mange encore du pain cette année ; je ne sais pas qui en mangera l'année prochaine si le blé continue encore comme ça. » Maximin a répondu : « Oh ! oui, Madame, je m'en souviens à présent ; tout à l'heure je ne m'en souvenais pas. »

5. — La dame disparaît.

16. Elle a passé le ruisseau et nous a retourné dire : « Eh bien ! mes enfants, vous le ferez passer à tout mon peuple. » Puis elle est montée jusqu'à l'endroit où nous étions allés pour regarder nos vaches. Elle ne touchait pas l'herbe; elle marchait à la cime de l'herbe. Nous la suivions avec Maximin; je passai devant la dame et Maximin un peu à côté, à deux ou trois pas. Et puis cette belle dame s'est élevée un peu en haut (Mélanie fait un geste en élevant la main d'un mètre ou un peu plus au-dessus de la terre); puis elle a regardé le ciel, puis la terre; puis nous n'avons plus vu la tête, plus vu les bras, plus vu les pieds; on n'a plus vu qu'une clarté en l'air; après, la clarté a disparu. Et j'ai dit à Maximin : « C'est peut-être une grande sainte. » Et Maximin m'a dit : « Si nous avions su que c'était une grande sainte nous lui aurions dit de nous mener avec elle. » Et je lui ai dit : « Oh ! si elle y était encore ! » Alors Maximin lança la main pour attraper un peu de la clarté, mais il n'y eut plus rien. Et nous regardâmes bien pour voir si nous ne la voyions plus. Et je dis : « Elle ne veut pas se faire voir pour que nous ne voyions pas où elle va. » Ensuite nous fûmes garder nos vaches.

Puis elle a passé le ruisseau et, à deux pas du ruisseau, sans se retourner vers nous, elle nous a dit encore : « Eh bien ! mes enfants, vous le ferez passer à tout mon peuple. » Puis elle est montée une quinzaine de pas, en glissant sur l'herbe, comme si elle était suspendue et qu'on la poussât; ses pieds ne touchaient que le bout de l'herbe; nous la suivîmes sur la hauteur; Mélanie a passé par devant la dame et moi à côté, à deux ou trois pas. Avant de disparaître, cette belle dame s'est élevée comme ça (Maximin désigne une hauteur de 1 mètre 50); elle resta ainsi suspendue en l'air un moment, puis nous ne vîmes plus la tête, puis les bras, puis le reste du corps. Elle semblait se fondre. Et puis il resta une grande clarté que je voulais attraper avec la main, avec les fleurs qu'elle avait à ses pieds; mais il n'y eut plus rien. Et Mélanie me dit : « Ce doit être une grande sainte. » Et je lui dis : « Si nous avions su que c'était une grande sainte, nous lui aurions dit de nous mener avec elle. » Après, nous étions bien contents et nous avons parlé de tout ce que nous avions vu, et puis nous avons été garder nos vaches.

6. — Description de la dame.

17. (p. 59). — Comment était-elle vêtue? — Elle avait des souliers blancs avec des roses autour de ses souliers ; il y en avait de toutes les couleurs ; des bas jaunes, un tablier jaune, une rose blanche avec des perles partout ; un fichu blanc, des roses autour, un bonnet haut un peu courbé en avant ; une couronne autour de son bonnet avec des roses ; elle avait une chaîne très petite qui tenait une croix avec son christ ; à droite étaient des tenailles, à gauche un marteau ; aux extrémités de la croix une autre grande chaîne tombait comme les roses autour de son fichu. Elle avait la figure blanche, allongée ; je ne pouvais pas la voir bien longtemps, pourquoi qu'elle nous éblouissait.

(Dans le rapport Rousselot Maximin ne décrit pas la dame.)

En résumé, si l'on considère le théâtre des faits, on se rend très bien compte de leur succession.

Le lundi 19 septembre 1846 Mélanie et Maximin conduisent, vers onze heures et demie, leurs huit vaches boire à la « fontaine des bêtes »; entendant la cloche de la Salette qui sonne l'Angelus, ils remontent la Sézia, arrivent près de la « petite fontaine », alors tarie, un peu à droite du ruisseau, et vont déjeuner à la « fontaine des hommes », à quelques mètres plus haut, à gauche de la Sézia. Après leur modeste repas ils déposent leurs panetières à côté de la fontaine tarie et s'endorment à trois mètres cinquante de là, à quelques pas l'un de l'autre. Vers deux heures et demie, trois heures, Mélanie s'éveille la première et appelle son compagnon en lui disant : « Allons voir où sont nos vaches. » Les deux bergers franchissent le ruisseau, gravissent un petit monticule, découvrent leurs vaches de l'autre côté, sur le versant du Gargas. Tranquillisée, Mélanie descend la première; lorsqu'elle est à dix mètres du ruisseau elle aperçoit une clarté plus brillante que le soleil vers la fontaine tarie; dans la clarté Maximin et elle voient une dame assise : les pieds de l'apparition reposent dans le lit desséché de la source, ses coudes sont appuyés sur ses genoux et ses mains soutiennent sa tête. La belle dame se lève, croise les mains sur sa poitrine et invite les enfants à s'approcher. Elle-même s'avance vers l'endroit où les bergers s'étaient endormis. Pleinement rassurés, Mélanie et Maximin descendent, franchissent le ruisseau, se placent tout près de l'apparition, la petite fille à sa droite, le garçonnet à sa gauche. La dame leur parle longtemps, d'abord à tous deux, puis à Maximin seul, à Mélanie seule, de nouveau à tous deux. Elle passse le ruisseau, répète une deuxième fois, sans se tourner vers eux : « Eh bien ! mes enfants, vous le ferez passer à tout mon peuple », se dirige vers le monticule en suivant une ligne brisée; Mélanie la devance un peu ; Maximin est à gauche, à deux pas de la dame, qui parcourt en glissant sur l'herbe une quarantaine de mètres. Parvenue au sommet, elle s'élève à la hauteur d'un mètre cinquante, reste un instant suspendue dans les airs, puis disparaît [1].

1. Le 22 octobre 1846, Maximin planta une croix de bois au lieu de l'assomption ; le 8 décembre suivant, Mélanie en dressa une autre à l'endroit de la conversation. Le 24 juin 1847, quatorze croix de bois, remplacées en octobre 1868 par des croix de fonte, furent exactement jalonnées sur les traces désignées par les deux bergers sur une étendue de quarante mètres et formèrent un chemin de croix. Avant la première se trouve la statue en bronze donnée, ainsi que les trois autres, par le comte de Penalver (1864) et représentant la

Ces récits, comme toute l'histoire de la Salette, renferment à la fois des « rayons » et des « ombres ».

Il faut, en effet, admettre une des cinq conclusions suivantes : L'apparition est un événement divin ; — elle appartient au surnaturel diabolique ; — elle est une hallucination dont les deux enfants ont été victimes ; — une invention qu'ils ont imaginée ; — l'invention d'un imposteur qui se cache derrière les bergers et leur fait jouer un rôle.

Les quatre dernières hypothèses sont inadmissibles : le diable n'est pas si sot que d'obtenir de foules entières la prière, la pénitence, l'observation des commandements de Dieu et de l'Église ; — ce serait un grand miracle que les deux enfants aient eu, pendant une demi-heure, la même hallucination, vu les mêmes objets, les mêmes mouvements, entendu les mêmes paroles, cru voir une dame parler sans l'entendre ; — ces ignorants, peu intelligents, n'ont pas pu davantage imaginer l'apparition avec les détails de costume, si étrange, et le langage théologique, eux qui savaient à peine les prières élémentaires ; ils auraient dû tirer quelque vanité, quelque avantage matériel de leur intervention : en 1848, constate l'abbé Dupanloup, « depuis deux ans ces deux pauvres enfants et leurs pauvres familles sont demeurés aussi pauvres qu'auparavant ; ils ne comprennent même pas l'honneur qu'ils ont reçu et semblent n'avoir aucune idée de la célébrité qui s'attache désormais à leur nom ; ils

Vierge assise au lieu de l'apparition, à droite de la Sézia, sur la fontaine ; à trois mètres de là le groupe et la croix de la conversation ; entre la première croix et la seconde coule la Sézia traversée obliquement par la dame ; sur l'emplacement de la seconde la dame répéta, sans se retourner vers les enfants : « Vous le ferez passer à tout mon peuple » ; onze autres croix se succèdent en ligne montante et brisée ; la quatorzième se dresse près de la statue de l'assomption, à l'endroit où la dame s'éleva et disparut. On a prétendu que cette ligne rappelait exactement la voie douloureuse de Jérusalem ; il n'en est rien.

ont vu des milliers de pèlerins, soixante mille en un jour, venir à leur voix sur la montagne de la Salette ; ils n'en ont été ni plus fiers ni plus recherchés dans leurs paroles ou leurs façons ; ils regardent tout cela sans étonnement, sans une pensée, sans un retour sur eux-mêmes » ; et il en sera ainsi toute leur vie ; — enfin l'imposteur serait en même temps un phénomène de maladresse, puisqu'il choisit deux acteurs d'une intelligence aussi bornée, et un prodige d'habileté, lui qui les a dressés à un rôle aussi difficile et aussi long avec une perfection telle qu'aux personnes les plus prévenues contre l'apparition ces enfants, peu intelligents, mobiles d'esprit, questionnés séparément, ont opposé des réponses promptes, brèves, claires, péremptoires, sans jamais se contredire, sauf, pour Maximin, sur un détail peu important (celui des pierres, *infra*, p. 53) et lors du voyage à Ars (p. 64); fait non moins merveilleux : on n'a jamais réussi à découvrir cet imposteur.

Il faut donc, malgré les « ombres », accepter la première hypothèse : l'apparition de la sainte Vierge.

Mais alors que de difficultés[1] !

1. Elles ne se retrouvent pas dans les 18 apparitions de Lourdes (11 février-16 juillet 1858; à cette date, Mélanie est carmélite au couvent anglais de Darlington et Maximin est élève au grand séminaire d'Aire; il serait intéressant de savoir ce qu'ils ont pensé et dit des apparitions de Lourdes). 1° A la Salette il y a eu deux **témoins**: il faut donc que leurs récits coïncident parfaitement ; les enfants ne savent pas le français et parlent cette langue; ils publient des récits; — à Lourdes on trouve un seul témoin, l'ignorante, chétive, pauvre et pieuse Bernadette Soubirous, née à Lourdes en 1844, âgée de 14 ans en 1858, qui ne sait pas lire, n'a pas fait sa première communion, est « tout à fait étrangère à la langue française et ne connaît que son pauvre patois pyrénéen » (Lasserre), mais la Vierge ne lui parle que ce patois; elle ne publie rien. — 2° La Salette est le théâtre d'une seule **apparition**, dont aucun tiers n'est témoin; à Lourdes on compte 18 apparitions (11, 14, 18, 19, 20, 21, 23, 24, 25, 27, 28 février ; 1er, 2, 3, 4, 25 mars, 5 avril ou lundi de Pâques, 16 juillet) en présence d'enfants et d'adultes ; seule Bernadette voit la dame, mais les témoins constatent l'extase. La dame n'a point un costume excentrique; elle porte une longue robe blanche, une

I. Langue. — Jusqu'au 19 septembre 1846 les enfants n'avaient parlé que le patois et connaissaient seulement quelques mots de français : « L'un et l'autre, constate l'abbé Bertrand (*Documents*, p. 1), étaient d'une ignorance absolue ; le français leur était étranger ; ils ne connaissaient d'autre langue que le patois de Corps. »

Sans doute, humainement parlant, il est très étonnant que Mélanie, d'une mémoire si ingrate, que Maximin, si étourdi, aient retenu le texte patois de la dame, d'autant que celle-ci pleurait en parlant.

Mais la merveille est beaucoup plus grande : par un vrai miracle les deux bergers ont retenu et, dès le soir du 19 [1], répètent le texte français, *qu'ils ne comprenaient pas*. « Tu ne comprenais pas le français, disait en 1847 l'abbé Lagier à Mélanie (Rousselot, *la Vérité*..,

ceinture bleu de ciel, un voile blanc qui descend de la tête aux épaules une rose d'or sur chaque pied ; elle est de taille moyenne et a la grâce de la vingtième année ; dans ses mains jointes sur la poitrine elle roule les grains blancs d'un chapelet attaché à la ceinture (malgré sa beauté, la statue de Fabisch ne rend pas l'apparition : « La différence est comme de la terre au ciel », disait Bernadette). — 3° A Lourdes les **révélations** sont très courtes, très simples : 18 février, Bernadette prie la dame de lui écrire ce qu'elle désirait : « Ce que j'ai à vous dire, je n'ai pas besoin de l'écrire ; faites-moi seulement le plaisir de venir ici quinze jours (Bernadette en prit l'engagement). Et moi, je vous promets de vous rendre heureuse, non point en ce monde, mais en l'autre. Je désire voir ici beaucoup de monde » ; 21 : « Il faut prier pour les pécheurs ; vous baiserez la terre pour la conversion des pécheurs » ; 25 (jour de la source miraculeuse) : « Allez boire et vous laver à la source, et mangez de l'herbe qui est là » ; 25 mars : « Je suis l'Immaculée Conception. » La dame donne bien trois secrets à l'enfant : 23, 24, 25 février, mais ils sont personnels et la voyante ne doit les révéler à personne. Enfin Bernadette — sœur de charité de Nevers, retirée au couvent de Saint-Gildard, à Nevers, de 1866 à sa mort (16 avril 1879), sans mener une vie errante comme Mélanie et Maximin — n'en dit absolument rien à personne et les emporte dans la tombe.

1. Cela a dû être, mais je le dis sous toutes réserves ; en effet 1° dans sa relation du lendemain de l'apparition (*supra*, p. 11) Pra traduit tout en français, sans insinuer que la dame a parlé français ; 2° dans sa relation (*infra*, p. 42) Peytard ne dit pas que les enfants aient parlé français ; et cependant c'était si extraordinaire !

p. 87); tu n'allais pas à l'école; comment as-tu pu te rappeler ce que la dame te disait? Elle te l'a dit plusieurs fois? Elle t'a appris à te le bien rappeler? — (Mélanie) Oh! non! Elle ne me l'a dit qu'une fois et je me le suis bien rappelé. Et puis, *quand même je ne comprenais pas bien*, en disant ce qu'elle m'avait dit, ceux qui comprenaient le français le comprenaient *quand même je ne le comprenais pas*; cela suffisait.»

Si cela suffisait, pourquoi la dame parla-t-elle patois afin de se faire comprendre? Pourquoi Mélanie dit-elle (n°s 6-7) : « Et puis je ne comprenais pas bien ce que cela voulait dire, des pommes de terre. J'allais demander à Maximin ce que cela voulait dire, des pommes de terre.. », faisant entendre qu'elle a compris le reste et que ce seul mot était pour elle inintelligible?

En vérité les enfants n'ont pas compris le français.

Comment donc expliquer ces quatre faits :

a) La sainte Vierge, ignorant qu'ils ignoraient le français, commence par leur parler dans cette langue ; les bergers comprennent-ils ces premiers mots de la dame, qui a les bras croisés et ne fait aucun geste : « Avancez, mes enfants... »? Puis la dame continue à parler français sans remarquer qu'ils ne comprennent pas; tout à coup (n° 7) elle s'en aperçoit : « Ah! vous ne comprenez pas le français, mes enfants! Attendez! je vais vous le dire autrement. »

b) Au lieu de reprendre tout son discours, incompris, elle n'en répète que les trois dernières phrases, le tiers de ce qu'elle avait dit.

c) Les enfants ne peuvent créer du français; le miracle consiste uniquement en ce qu'ils retiennent et répètent mot à mot des phrases jusque-là inconnues et qu'ils ne comprennent pas; un homme cultivé ne peut répéter exactement deux lignes d'une langue qu'il ignore et qui viennent d'être prononcées devant lui; ces ignorants répètent, trois heures après, une page de ce volume. Mais le miracle ne va pas jusqu'à leur donner le pouvoir d'imaginer des mots français. Qui donc expliquera ces variantes des textes français :

Mélanie.	*Maximin.*
(nº 4) laisser aller la *main* de mon fils : elle est si *forte*, si pesante, que je ne *peux* plus la *maintenir*...	laisser aller le *bras* de mon fils : il est si *lourd* et si pesant que je ne *puis* plus le *retenir*...
je suis chargée de le prier *sans cesse. Et pour vous autres* vous n'en faites cas.	je suis chargée de le prier *sans cesse pour vous autres qui* n'en faites pas cas.
Vous aurez beau prier, beau faire, jamais vous ne pourrez récompenser la peine que j'ai prise pour vous autres.	(Manque dans le récit de Maximin.)
(nº 5) Je *vous* ai donné six jours...	*J'ai* donné six jours...
Ceux qui *conduisent* les charrettes ne savent *pas* jurer sans y mettre le nom de mon fils *au milieu.*	*Aussi* ceux qui *mènent* les charrettes ne savent *plus* jurer sans y mettre le nom de mon fils.
(nº 6) Si la récolte se gâte, ce n'est rien qu'*à cause de* vous autres. Je vous l'ai fait voir l'année *passée, par les* pommes de terre...	Si la récolte se gâte, ce n'est rien que *pour* vous autres. Je vous l'ai fait voir l'année *dernière, par la récolte* des pommes de terre...
quand vous trouviez des pommes de terre gâtées...	quand vous *en* trouviez *de* gâtées...
Elles vont continuer; *que cette année pour Noël*...	Elles vont continuer *à pourrir et à Noël*...

Il est vrai, des récits postérieurs de Maximin me contredisent en partie. Dans *Ma profession de foi*, par exemple (p. 10), il dit : «... *répondant à toutes les difficultés que l'on nous adressait, et cela en français*, nous qui ne le savions point le matin même du 19 septembre 1846 ». « Le père Giraud, ajoute-t-il ailleurs (Péladan, *Maximin*, p. 67), ne remarque point que son fils parle français et qu'il répond *aux difficultés qu'on lui adresse en français* contre le discours de la Salette. *Tout le monde crie au miracle* de ce que je parle tout à coup une langue qui m'était littéralement inconnue. » Dans ce cas le miracle serait beaucoup plus grand, puisque les enfants auraient eu le don d'une langue; mais je crois qu'ici Maximin exagère, de même que (*Ma profession de foi*, p. 6) il exagère en disant : « *Immobiles comme des statues*, les yeux fixés sur la belle dame, nous la voyons, les pieds réunis comme le patineur (?), glisser sur la cime de l'herbe sans la faire fléchir. Revenus de notre *ravissement*... Je ne puis dépeindre ici l'*extase* dans laquelle nous nous trouvions. Je ne parle que de moi; *je sais très bien que tout mon être était anéanti*, que *tout le système organique était arrêté en ma personne*. Lorsque nous eûmes le sentiment de nous-mêmes... » En réalité (*infra*, p. 29), pendant que la dame parlait, le gamin faisait tourner son chapeau sur son bâton, ne cessait de s'agiter et poussait des cailloux sur les pieds de l'apparition [1].

d) Enfin, par endroits, le français de la dame est très incorrect : « ne savent pas jurer sans y mettre le nom de mon fils au milieu (nº 5)... C'est au contraire... Elles vont continuer; que cette année, pour Noël, il n'y en aura plus » (nº 6). Il n'est donc pas le langage de la sainte Vierge; le miracle n'a donc pas consisté en ce que les enfants ont retenu très exactement, mot à mot, le français qu'ils ne connaissaient ni ne comprenaient; en quoi donc a-t-il consisté ?

1. L'abbé Rousselot semble supposer également que Mélanie et Maximin eurent le don du français : dans son rapport (nºs 29, 31), toutes les fois que la bergère ne cite pas les paroles patoises de la dame, celles de Maximin ou les siennes propres, elle parle français. De même entre deux phrases patoises (nº 29) Maximin dit : « Tous deux nous répond*îmes*. » Je pense qu'il faut voir là seulement un procédé du rapporteur pour mettre en relief le patois.

II. Mission. — L'ordre final lui-même : « Vous le ferez passer à tout mon peuple », l'endroit le plus important, est encore dit en français, deux fois, et sans les explications nécessaires. Conséquence : dans la conférence du 16 novembre 1847, constate l'abbé Rousselot (*la Vérité*..., p. 218), « Mélanie, interrogée sur cette circonstance (qu'ils n'ont rien dit aux autres bergers), a répondu avec candeur et sans embarras qu'elle croyait être obligée de faire son récit d'abord à ses maîtres. Il fallait le faire *passer à son peuple* et ni l'un ni l'autre ne savaient ce que c'est que *le peuple.* »

Néanmoins la mission des deux enfants semble bien indiquée : répéter autour d'eux ce que la dame leur a dit d'une manière non secrète. Et cependant Mgr Ginoulhiac, évêque de Grenoble, disait, le 19 septembre 1855, sur la montagne de la Salette : « La mission des enfants est finie ; celle de l'Eglise commence. » Pourquoi en 1855? Le 21 août 1872, au même lieu, son successeur, Mgr Paulinier, allait encore plus loin : « Nous ne craignons pas plus, affirmait-il, le démenti des deux bergers que nous n'avons besoin de leur témoignage. Leur mission a été finie après l'apparition miraculeuse. » Et la *Semaine religieuse* de Lyon (12 octobre 1872) répétait : « La mission de Mélanie fut terminée le jour où la sainte Vierge apparut sur la montagne de la Salette. » Il semble bien, au contraire, que cette mission commence précisément ce jour-là ; deux fois la dame dit aux bergers, dans les mêmes termes : « Eh bien ! mes enfants, vous le ferez passer à tout mon peuple. » De fait, dans sa lettre du 4 juin 1851 au pape, Mgr de Bruillard disait : « Pendant quatre ans ils avaient rempli leur mission » ; de leur côté, Mélanie et Maximin ont cru que leur mission ne finirait qu'avec leur vie.

III. Impression. — Ont-ils cru à cette mission le

jour même? Ici l'obscurité augmente. Quelle impression ont-ils réellement éprouvée? « N'étant pas dressé à la politesse, raconte Maximin (Péladan, *Maximin*, p. 85 : détails caractéristiques déjà indiqués sommairement par l'abbé Rousselot dans *la Vérité*..., p. 217, plus longuement par Mlle des Brulais dans *l'Echo*, pp. 34, 71, 143), je m'étais avancé, le chapeau sur la tête. Puis, quand je l'eus ôté, c'était pour le faire tourner sur mon bâton. Puis, l'ayant remis sur ma tête, c'était par distraction, machinalement. Puis encore, le temps que la belle dame parlait à Mélanie, je faisais rouler avec mon bâton des pierres jusqu'auprès de ses pieds, mais sans les toucher. Cela me fait extrêmement honte depuis que l'a dit Mélanie, qui tout de même aurait pu s'en dispenser... Après un petit bout de causerie sur ce que nous venons de voir et d'entendre, je proposais à Mélanie, avec la légèreté si naturelle à l'enfance, de recommencer notre jeu de la veille, qui consistait à enfoncer un couteau dans le gazon, à découper une motte de gazon et à la faire porter par celui des deux qui n'avait pas eu l'adresse ou le bonheur d'enfoncer davantage le couteau en terre, et à obliger le vaincu à courber l'échine et à s'avancer à quatre pattes vers le but désigné. Véritable mouvement perpétuel, dont la pétulance ne fait que croître au lieu de diminuer, on dirait qu'il m'est impossible de demeurer en repos. »

Mélanie a-t-elle mieux compris que Maximin? Tous deux ont si mal compris la dame que, d'après l'abbé Rousselot (*Nouveaux documents*, p.51), « en voyant la dame répandre des larmes et en l'entendant parler de son fils, ils crurent tout d'abord que c'était une mère battue par son fils... Voilà quelles furent effectivement les impressions des deux petits bergers *à l'apparition et à la disparition* de la belle dame, ainsi qu'ils l'ont toujours ingénument avoué. » Et la sainte Vierge les laisse dans cette illusion?

Faut-il aller jusqu'à croire M. Dausse, le tuteur officieux des enfants? Dans sa lettre au curé d'Ars, décembre 1850 (*infra*, pp. 68-79), il écrit : « Ni lui ni Mélanie, n'ont jamais dit avoir vu la sainte Vierge, par la raison très simple que, lors de l'apparition, ces deux enfants étaient tellement ignorants qu'ils ne savaient réellement pas ce que c'était que la sainte Vierge et qu'*ils comprirent tout de travers ou pas du tout la plupart des choses qu'ils avaient vues ou entendues.* » Est-il croyable que des enfants de Corps, de quinze et de onze ans, ne sachent pas ce que c'est que la sainte Vierge? Notez que M. Dausse ajoute : « Je crois être *la personne qui a le plus l'intimité des deux enfants* de la Salette depuis l'événement. »

IV.— Nous étudierons la question des **secrets** à propos de leur envoi à Rome en 1851; notons encore ici certaines **singularités**. La dame tient un langage extraordinaire, dès le début : « Si *mon peuple* ne veut pas se soumettre (à quoi? les enfants ignorent que c'est la sainte Vierge)... *Depuis le temps* que *je souffre* pour vous autres!... Vous aurez beau prier, beau faire, *jamais vous ne pourrez compenser la peine* que j'ai prise pour vous autres... *Je vous ai donné* six jours pour travailler, *je me suis réservé* le septième, et on ne veut pas me l'accorder... [1]. Ceux qui conduisent les charrettes ne savent pas jurer sans y mettre le nom de mon fils [Jésus] au milieu... »

1. L'abbé Rousselot (*la Vérité...*, p. 78, note) écrit bien : « Dès le commencement on fit observer à Mélanie que cette tournure à la première personne n'allait pas avec le reste du récit; elle se contenta de répondre qu'elle disait comme elle avait entendu. *Effectivement cette tournure est plus digne et rappelle l'« ego Dominus » dans la bouche de Moïse* », mais l'explication me paraît insuffisante.

Si la vague expression *vous autres* (n° 8) semble dire que Dieu se contenterait de la conversion des gens de la Salette et des environs, il n'est guère admissible que la sainte Vierge ait apparu uniquement pour convertir ce petit groupe. Il faut donc appliquer à la France entière les menaces : Si vous ne vous convertissez, à Noël (1846) il n'y aura plus de *pommes de terre;* — les bêtes mangeront le *blé* semé avant l'hiver ; ce qui viendra tombera en poussière; — les *enfants* au-dessous de sept ans mourront entre les mains des personnes qui les tiendront; — il y aura une grande *famine*. Or, même en restreignant ces menaces à la région de la Salette, et à supposer que ses habitants se soient convertis, contrairement à la promesse formelle (n° 11) les pierres et les rochers ne se sont pas changés en monceaux de blé et les pommes de terre n'ont pas été ensemencées d'elles-mêmes [1]. Il y a eu, à la Salette et à Corps, plus d'exactitude à remplir les devoirs religieux, mais la conversion durable ne s'est pas produite; et cependant, si, le 19 janvier 1847, le gouvernement français interdit l'exportation des pommes de terre, il y en avait encore; — bien que le blé eût en 1851 et en 1852 la maladie du pictin, les bêtes n'ont pas mangé, en 1847, le blé semé

1. L'abbé Rousselot (*la Vérité*..., p. 62, note 2), explique le passage de Pra (*supra*, p. 12, n° 11): « les pommes de terre seront ensemensées (pour l'année qui vient) » par cette note : « Ainsi traduisit le bon Baptiste Pra; cependant, se défiant sans doute de lui-même, il mit ces quatre mots entre parenthèses ». Pourquoi se défie-t-il? C'était si facile de demander aux enfants une explication précise! A ce sujet Mgr Ginoulhiac (mandement du 4 novembre 1854) dit : « Dans plusieurs de ces relations, et notamment dans la plus ancienne et dans celle de M. Perrin, on lit, à propos du blé qui ne devra pas être semé : *L'année prochaine* les insectes le dévoreront. Dans plusieurs autres, et en particulier dans celles de MM. Lagier, Lambert, Long, les mots *l'année prochaine* ne se trouvent pas... Il peut se faire que les mots *l'année prochaine* eussent dû être conservés dans la relation définitive, comme ils le sont dans la pièce de J.-B. Pra, insérée dans le rapport. »

avant l'hiver; — quoi qu'en disent tous les auteurs, qui se répètent les uns les autres (par exemple Bertrand, p. 240; Berthier, p. 25), « une mortalité exceptionnelle des petits enfants » ne désola pas « les paroisses de la Salette et de Corps en 1847 » : il suffit, pour s'en convaincre, d'étudier les registres paroissiaux de cette époque [1]; quant au choléra de 1854, il n'attaqua pas spécialement les enfants au-dessous de sept ans; — bien que *le Constitutionnel* (mars 1856) ait parlé de 60.000 victimes de la disette en 1854 et de 80.000 en 1855, les mots « grande famine » ne paraissent pas justifiés.

Nous n'avons pas encore parlé de la cinquième et dernière menace : la maladie des noix et des raisins (n° 9). Ce fut un des principaux arguments du principal opposant, l'abbé Déléon, l'objection qui revient constamment sous sa plume, sinon dans son premier ouvrage, *la Salette-Fallavaux*, — où (p. 48) il se contente d'affirmer que les noix ne sont pas devenues mauvaises et qu'en 1851 seulement, « c'est-à-dire cinq ans après, une maladie a attaqué quelques vignes dans certains pays et le raisin des vignes malades s'est desséché; cette maladie avait été remarquée en Angleterre en 1845 ; les journaux en avaient parlé; mais les raisins, en général, n'ont pas pourri » — du moins dans ses écrits postérieurs : selon lui, cette phrase aurait été ajoutée; on la trouverait pour

1. Bertrand (p. 240) dit : « En 1854, le choléra se compliqua de la suette. Cette dernière maladie s'attaquait de préférence aux enfants, qui étaient saisis tout d'abord d'un froid facial auquel succédait le tremblement prédit par l'apparition. La mort survenait presque toujours au bout de deux heures. Nous avons dit que le canton de Corps tout entier avait prêté une oreille docile aux avertissements du ciel [le fait est douteux ; s'il est vrai, pourquoi la prétendue mortalité infantile de 1847 ?]. Aussi, *pour donner aux menaces de la Vierge un caractère d'authenticité qui ne peut être mis en doute*, Dieu permit que le choléra n'envahît pas son territoire. De tout le département de l'Isère, ce canton fut le seul qui échappa au fléau. » (Mais alors pourquoi les morts de 1847 ?)

la première fois dans une lettre de l'abbé Mélin, curé de Corps, à Mgr de Bruillard, du 5 mai 1857 (*Dernier mot*, p. 73) : « Un secrétaire de l'évêché, ajoute-t-il, M. Morel, étonné de cette addition dont aucune des premières relations envoyées à l'évêché, celle de M. Mélin comprise, ne porte la moindre trace, prend avec lui M. le chanoine Auvergne et se rend auprès de M. Chambon, vicaire général. Il lui demande si, dans la visite qu'il a faite aux bergers en compagnie de MM. Oriol, Martin, Garnier et qui a duré plus de trois heures, les enfants ont dit que la dame avait parlé, dans ses menaces ou promesses, de blé, pommes de terre, raisins, noix, ou seulement de blé et de pommes de terre. Pris à l'improviste, ne connaissant pas la lettre de M. Mélin, M. Chambon répond sans hésiter : Les enfants ne nous ont parlé que de blé et de pommes de terre; ils n'ont pas dit un seul mot qui ait trait aux raisins ou aux noix. »

« De fait, constate Mgr Ginoulhiac (mandement du 4 novembre 1854), quelques-unes des relations qui se rattachent à celle de M. Perrin, et aussi celle de M. Chambon, ne parlent pas des raisins et des noix... Mais ce qui ne saurait être douteux, c'est que, dans le discours de la dame, il était question des noix et des raisins, soit parce que la relation la plus ancienne, celles qui sont les plus complètes et celles qui ont comme un caractère officiel, rapportent cette phrase, soit parce que les enfants, interrogés sur ce point, ont été invariables dans leurs affirmations. »

La relation « la plus ancienne » est celle de Pra (*supra*, p. 11); « les plus complètes » et les plus « officielles » sont le rapport Rousselot-Orcel; celle encore qui a un caractère « officiel » est le rapport Em. Long (*infra*, p. 37). A ce dernier, conservé dans les archives de l'évêché de Grenoble, l'abbé Déléon opposait (*Dernier mot*,

p. 115) une note lithographiée, signée Em. Long et Adrienne Long, dont lui-même possédait un exemplaire, note écrite à la suite d'un interrogatoire que M. Long avait fait subir, cinq mois auparavant, le 11 octobre 1846, aux enfants, « en présence de sa famille et d'une trentaine de personnes, dont cinq prêtres »; la note ne parle ni de raisins ni de noix.

Mgr Ginoulhiac explique ainsi cette lacune : « A ne considérer la chose qu'en elle-même, et indépendamment de ces témoignages décisifs, il est facile de comprendre que, ces bergers parlant à des personnes qui ne les interrogeaient pas la plume à la main ni dans leur langue maternelle, une phrase bien courte ait pu être omise et que quelques-uns, ne soupçonnant pas l'importance qu'on attacherait un jour à leur récit, ne se soient pas arrêtés à ces détails. » L'explication paraît insuffisante. MM. Louis Perrin, curé de la Salette, et Mélin, curé de Corps, n'ont-ils pas interrogé les enfants « la plume à la main »? De plus le second a dû questionner en patois; pourquoi aurait-il omis cette seule phrase, très importante?

L'évêque de Grenoble donne une raison plus vraie, semble-t-il, quand il ajoute : « Il est souverainement improbable que cette prédiction ait été introduite sept à huit mois après dans le récit par un faussaire; car, supposé même qu'il agît de concert avec les enfants ou qu'il voulût avec eux tromper le public, il ne devait pas ajouter à leurs prédictions, mais plutôt en retrancher ce qui pouvait devenir un embarras, et surtout ne pas leur faire émettre une prophétie si claire, dont certainement, aux mois de février et de mai 1847, on n'était pas plus fondé à espérer l'accomplissement qu'en septembre 1846. »

V. Costume. — Quel singulier costume portait encore la dame! Tellement singulier que Rome a refusé de couronner la Vierge dans ce costume et que la statue de Carimini dominant le maître-autel de la basilique est enveloppée d'un grand manteau. Il ne suffit pas de répondre avec Bertrand (p.481) : « La Congrégation des rites ne s'écarte jamais des prescriptions d'Urbain VII, qui défend de donner aux images de la Vierge offertes à la vénération publique un costume différent de ceux que l'Eglise a adoptés d'après la tradition », ou avec Nortet (pp. 249-250), après avoir cité les textes bibliques et ecclésiastiques : « Le brillant costume de la belle dame de la Salette répond merveilleusement à ce que disent les Ecritures et la liturgie de la Vierge immaculée... La Vierge immaculée n'eut pas besoin de se nommer aux humbles témoins de son apparition : sa seule parure la révélait suffisamment. »

Cette parure suffisait si peu que, nous l'avons vu (p. 29), les enfants ne surent pas si c'était la sainte Vierge [1].

VI. Du costume se dégageait une **lumière**. Celle-ci était-elle éblouissante ou non? Les récits ne sont pas d'accord. En octobre 1846, l'abbé Chambon (cité par Nortet, p. 267) écrivait : « Mais ils ne pouvaient le regarder (le visage) parce qu'il était trop brillant. Cela faisait mal comme le soleil, dit le petit garçon ; il fallait ensuite se frotter les yeux : Faciè coumo lou soleo, falliè se pana lous nè. » En 1847 l'abbé Rousselot (*la Vérité*.., p. 70) avouait également : « Les enfants ont toujours dit que cette dame était éblouissante de clarté, qu'*elle leur faisait mal aux yeux quand ils la fixaient.* » Mélanie dit en propres termes (*ibid.*, p. 59 ; v. *supra*, n° 17) : « Je ne pouvais pas la voir bien longtemps, pourquoi qu'elle nous éblouissait. » De son côté, Maximin écrit (Péladan, *Maximin*, p. 42) : « Elle ne projette aucune

1. On a peine à comprendre, en particulier, comment les tenailles ont été un instrument de la Passion, ont fait souffrir Notre Seigneur

ombre, et je ne pouvais en supporter le scintillement, la clarté rayonnante [1] ». Par contre, dans *Ma profession de foi*, p. 6, il dit : « C'était une lumière, mais une lumière bien différente de toutes les autres ; son éclat, plus resplendissant que le soleil, *n'éblouissait pas nos yeux et nous le regardions sans fatigue* » ; de même Mélanie (*l'Apparition*, p. 30) : « Toutes ces lumières ne faisaient pas mal aux yeux et ne fatiguaient nullement la vue. » Quel Maximin, quelle Mélanie faut-il croire?

Telles sont, exposées en détail et dans toute leur force, les difficultés qu'on peut faire relativement aux circonstances extérieures de l'apparition. Par suite de l'absence d'un rapport initial complet elles n'ont pas encore eu de solution et quelques-unes n'en auront peut-être jamais ; mais elles n'atteignent pas le fait de l'apparition elle-même et il faut bien en revenir à la seule hypothèse vraisemblable : un événement divin. Les enfants, en effet, ne sont point trompeurs : tels qu'on les connaît, ils n'ont ni inventé leur récit, ni concerté les réponses à faire quand ils seraient, isolément, pressés de questions embarrassantes, ni prévu les milliers d'objections qu'on soulèverait, ni imaginé un secret que chacun serait seul à posséder et qu'ils devraient garder sans la moindre défaillance. Réellement ils ont vu quelque chose, une dame, qui leur a dit ce qu'ils ont rapporté. Or une femme ordinaire n'a pu ni projeter une « clarté » plus brillante que le radieux soleil de septembre, ni monter lentement et disparaître dans le ciel.

1. *Ibid.*, p. 46, Maximin reconnaît qu'il n'a pas vu le visage de la dame aussi en face que Mélanie, mais seulement « d'une vue d'ensemble, plus dans sa partie inférieure que dans tout le reste ».

III. — Après l'apparition.

1. Les premiers récits aux Ablandins.

Le soir du 19, les enfants descendirent plus tôt que d'habitude aux Ablandins. « Après la disparition de la dame (Rousselot, *la Vérité...*, p. 71). Maximin avait dit à Mélanie : Eh ! elle a bien tant tardé de parler ! Je ne lui voyais rien que remuer les lèvres. Mais que disait-elle ? Mélanie lui répondit : Elle m'a dit quelque chose, mais je ne veux pas le dire ; elle me l'a défendu. Maximin lui repartit aussitôt : Oh ! que je suis content, Mélanie, va ! Elle m'a dit quelque chose aussi, mais je ne veux pas non plus te le dire. C'est ainsi qu'ils s'aperçurent qu'ils étaient tous les deux possesseurs d'un secret. » Mais ils ne parlèrent pas de l'événement aux autres bergers ou bergères (*ibid.*, p. 81).

Où se fit le premier récit ? Chez Selme ou chez Pra ? Plus probablement chez ce dernier. Dans quelle partie de la maison ?

Au mois de mars 1847, un industriel, exploitant à Amiens les paroles de la dame de la Salette, se livra à l'accaparement des blés. A cette occasion, le parquet de Grenoble, chargé de procéder à une enquête, la confia à M. Long, suppléant au juge de paix et maire de Corps. L'interrogatoire des enfants eut lieu le 22 mai 1847. D'après le rapport de Long (cité *in extenso* par Bertrand, *Documents*, pp. 30-34) le premier récit eut lieu dans l'écurie de Pra : « Rentrée chez son maître, elle (Mélanie) a rentré ses vaches ; pendant qu'elle était après les traire en présence de sa maîtresse [1], Maximin est

1. Deux questions au sujet de ce passage : 1° Quelle Mélanie faut-il croire : celle qui dit à Long que sa maîtresse était à l'écurie quand Maximin y est entré, ou celle de *l'Apparition* (p. 21) : « Arrivée chez mes maîtres, je m'occupais à attacher mes vaches et à mettre

survenu et a raconté ce qui s'était passé, et ma maîtresse m'ayant dit si c'était vrai, je lui confirmai » (*ibid.*, p. 34).

Selon Maximin (Péladan, *Maximin*, p. 56), ce n'est pas dans l'écurie, mais à la cuisine, que le berger raconta l'événement à la grand'mère Pra : « Il en était de même de la bonne vieille, dit-il, dans les yeux noirs et vifs de laquelle je vis briller de grosses larmes et qui, bien que j'eusse cessé de parler, m'écoutait encore, toute suspendue à mes lèvres, *oubliant, accroupie auprès de son feu, le repas du soir qu'elle était en train de préparer.* »

Tandis que Maximin retourne en hâte chez Selme, Mélanie achève son ouvrage à l'écurie, puis entre dans la maison. La grand'mère Pra l'interroge; l'enfant raconte à son tour ce qu'elle a vu. Vers la moitié du récit, les maîtres arrivent des champs, et Mélanie recommence. Il y a là, avec l'aïeule, Baptiste Pra, son frère, sa femme et ses deux enfants. La grand'mère ne doute plus : « Cette belle dame, affirme-t-elle, est certainement la sainte Vierge, car il n'y a qu'elle au ciel dont le fils gouverne. Puis, s'adressant à Jacques, le plus jeune de ses fils, elle ajoute : Tu as entendu ce que la sainte

tout en ordre dans l'écurie. Je n'avais pas terminé, *que ma maîtresse vint à moi en pleurant* et me dit : Pourquoi, mon enfant, ne venez-vous pas me dire ce qui vous est arrivé sur la montagne? (Maximin, n'ayant pas trouvé ses maîtres qui ne s'étaient pas encore retirés de leurs travaux, était venu chez les miens et avait raconté tout ce qu'il avait vu et entendu) ». Le pronom *vous* me met en défiance. 2° En quelle langue parle Mélanie à Long ? En patois, je suppose, car ce n'est pas la bergère qui emploie ces mots et ces temps : confirmai, abreuvâmes, goûtâmes, endormîmes, avançâmes, rencontrâmes. Alors pourquoi ces phrases : « Que pour vous aut... vous en faites pas cas... A la Noël il y en aura plus... Pendant qu'*elle* était après les traire... et *ma* maîtresse... » Voici peut-être l'explication : quoique ancien notaire, Long, n'était pas grand écrivain, mais il a voulu employer certains mots relevés et les parfaits définis.

Vierge a dit à cette petite. Va-t-en encore travailler demain, dimanche, après cela! — Bah! repart ce dernier, j'irais croire que cette enfant a vu la sainte Vierge, elle qui ne fait pas même sa prière! » (Bertrand, p. 69.) Contrairement à ce qu'écrit Mélanie dans *l'Apparition* (p. 22) : « Lorsque j'eus terminé, mon maître dit : C'est la sainte Vierge, ou bien une grande sainte, qui est venue de la part du bon Dieu; mais c'est comme si le bon Dieu était venu lui-même : il faut faire tout ce que cette sainte a dit », Baptiste Pra reste incrédule : « J'ajoute, avant de signer, lit-on dans sa déposition écrite du 28 septembre 1847 (Rousselot, *la Vérité...*, p. 46), que, *les premiers jours, je n'ai point ajouté foi au récit des enfants* et que j'ai plusieurs fois engagé la petite Mélanie à recevoir l'argent qu'on lui offrait pour qu'elle gardât le silence. »

D'après la déclaration de Pierre Selme (v. p. 8), on pourrait croire que Maximin, qui certainement parla le premier, raconta l'apparition chez Selme et à son maître : « Je ne le revis que le soir à la maison, lorsqu'il les reconduisit (ses vaches) à l'étable. Je lui dis alors : Eh bien! Maximin, tu n'es pas revenu me trouver dans mon champ. — Oh! me dit-il, vous ne savez pas ce qui est arrivé! — Et qu'est-ce donc qui est arrivé? lui demandai-je. Et il m'a répondu : Nous avons trouvé près du ruisseau une belle dame *qui nous a amusés longtemps* et qui nous a fait deviser avec Mélanie; j'ai eu peur d'abord; je n'osais pas aller chercher mon pain qui était près d'elle, mais elle nous a dit : N'ayez pas peur, mes enfants, approchez; je suis ici pour vous annoncer une grande nouvelle. Et cet enfant me fit alors le récit qu'il a répété depuis à tous ceux qui l'ont interrogé» (Rousselot, *la Vérité...*, p. 48). Plus vraisemblablement Selme n'attachait pas une précision rigoureuse aux mots:

« Je ne le revis que le soir à la maison *lorsqu'il les reconduisit à l'étable* » et Maximin lui raconta les faits quand il fut revenu de la maison Pra.

Quels furent les sentiments du cultivateur ? De même que la Mélanie de *l'Apparition* ne se rappelait pas exactement l'incrédulité de son maître, de même le berger s'est-il trompé lorsqu'il raconte longuement (Péladan, *Maximin*, pp. 56-57) les attentions respectueuses de Selme, sa parole : « Cela doit être la très sainte Vierge ou quelque grande sainte » et le sermon qu'il adresse à ceux qui ricanent derrière lui ? Selme ne semble pas avoir été bien touché par les menaces de la dame à propos de la profanation du dimanche, puisque, le lendemain, d'après son propre témoignage, il n'assistait pas à la messe (Rousselot, *la Vérité*..., p. 48)[1].

Après le souper Maximin et ses maîtres vinrent chez Pra s'entretenir de l'événement. Il fut convenu que, le lendemain, de bonne heure, les deux enfants iraient au village tout raconter à M. le curé.

2. M. LE CURÉ ET M. LE MAIRE.

Le dimanche matin Mélanie et Maximin descendirent au pays. « Arrivés à la cure, explique Mélanie (*l'Apparition*, p. 23), je frappe à la porte. La domestique de M. le curé vint ouvrir et demanda ce que nous voulions. Je lui dis (*en français, moi qui ne l'ai jamais parlé*) :

1. « Je n'ai point assisté à la messe à la Salette, mais j'ai ramené le petit Maximin chez son père à Corps, comme je le lui avais promis. » Veut-il dire : J'ai assisté à la messe, non à la Salette, mais à Corps? Il est alors contredit par son berger (Péladan, *Maximin*, p. 60) : « En arrivant chez mon père, *à la sortie de la grand' messe de Corps*, nous ne trouvons que ma belle-mère. » Et si l'on me demande pourquoi tantôt je crois Maximin, cité par Péladan, tantôt je ne le crois pas, je répondrai que je me contente de chercher le vraisemblable à défaut de la vérité, en contrôlant les divers récits les uns par les autres.

Nous voudrions parler à M. le curé. — Et que voulez-vous lui dire? nous demanda-t-elle. — Nous voudrions lui dire, Mademoiselle, qu'hier nous sommes allés garder nos vaches sur la montagne des Baisses et après avoir dîné, etc. Nous lui racontâmes une bonne partie du discours de la très sainte Vierge. Alors la cloche de l'église sonna; c'était le dernier coup de la messe. M. l'abbé Perrin, curé de la Salette, qui nous avait entendus, ouvrit sa porte avec fracas : il pleurait; il se frappait la poitrine; il nous dit : Mes enfants, nous sommes perdus, le bon Dieu va nous punir. Ah! mon Dieu! c'est la sainte Vierge qui vous est apparue! Et il partit pour dire la sainte messe. Nous nous regardâmes avec Maximin et la domestique; puis Maximin me dit : Moi, je m'en vais chez mon père à Corps. Et nous nous séparâmes. »

Evidemment l'abbé Jacques Perrin [1] se montra dans la circonstance trop crédule : non seulement il croit les enfants sans les questionner, sans apprécier leur récit, mais il en parle aussitôt en chaire! Que devait-il faire? Interroger séparément les deux bergers, écrire sous leur dictée leur récit français et leur récit patois, bien contrô

1. Jacques Perrin était curé de la Salette depuis 1832 ; trois semaines après l'apparition, il quitta sa paroisse (10 octobre 1846) et se rendit au nouveau poste qu'on lui confiait, Saint-Sixte ; il y mourut un an après (1847). Il fut remplacé à la Salette par l'abbé Louis Perrin, successivement vicaire au Villard-de-Lans, curé de Monestier-d'Ambel, nommé curé de la Salette le 28 septembre 1846. Le 2 octobre 1847, il y fut rejoint par son frère aîné, Jacques-Michel Perrin, auparavant maître d'études au petit séminaire de la Côte, vicaire aux Abrets et aumônier de l'hôpital de Grenoble. L'évêché voulait, semble-t-il, dissimuler la présence de ce prêtre auxiliaire : « Le curé de la Salette est seul, n'a point auprès de lui de prêtre auxiliaire pour la desserte de la montagne » (Bez, *M. Vianney*..., p. 15). « Pendant cinq ans le curé de la Salette, aidé par son frère mourant et bientôt mort à la peine, a fait ce qu'il a pu pour les pèlerins » (Rousselot, *Un nouveau sanctuaire*, p. 37). On a peine à comprendre comment un *mourant* peut aider ; l'abbé Michel ne mourut pas *bientôt à la peine,* mais après 42 mois de séjour, le 24 avril 1851.

ler leurs dires, les presser de questions et demander des détails précis, recommander aux enfants de n'en parler provisoirement à personne, interroger Pra et Selme; enfin, ce jour-là, dans l'après-midi ou le lendemain, monter avec les enfants aux Baisses et leur faire recommencer, sur place, isolément, puis réunis, la narration.

L'après-midi, le maire de la Salette, M. Peytard, se montra plus circonspect. Je cite (d'après Bertrand, p. 507) la lettre qu'il écrivit, le 2 octobre 1847, à Mgr Villecourt, évêque de la Rochelle, en quête de renseignements pour son ouvrage.

Le 19 septembre 1846 je donnai ordre aux deux gardes champêtres de ma commune de convoquer le conseil municipal pour se réunir le lendemain, après la messe, à l'effet de délibérer sur plusieurs affaires de la commune. Le dimanche, de bon matin, l'un des gardes champêtres vient me dire que tous les membres du conseil municipal sont venus pour l'heure indiquée. Il me dit qu'il avait rencontré, avant d'entrer chez moi, deux enfants, qu'il leur avait demandé où ils allaient, et que ces deux enfants lui avaient répondu qu'ils allaient raconter à M. le curé que, le jour d'auparavant, vers les 3 heures après midi, ils avaient vu sur la montagne une belle dame, et qu'elle leur avait dit telle et telle chose. Le garde, paraissant un peu préoccupé de ce récit, me demanda ce que je pensais de cela. Je me mis à rire tout simplement, et je lui dis que c'était une bêtise de la part de ces enfants.

Environ 3 heures plus tard [1], je me rends à l'église pour entendre la sainte messe. Le moment du prône arrive; M. le curé essaie de raconter à ses paroissiens le récit que ces enfants venaient de lui faire. Le cœur lui serre; il ne peut que balbutier quelques mots, et personne n'y peut presque rien comprendre. Cependant moi, à qui, le matin, le garde champêtre avait commencé à donner quelque idée de la chose, je compris à peu près ce qu'avait voulu dire M. le curé.

Cette affaire commença, dès ce moment, à préoccuper un

1. Ceci contredit nettement la phrase de Mélanie (*supra*, p. 41) : « C'était le dernier coup de la messe. »

peu mon esprit et, après le saint sacrifice, je me rends à la mairie. Le conseil arrive en majorité et, au lieu de lui soumettre, dans le principe, ce qui faisait l'objet de la réunion, je dis : « Y aurait-il quelqu'un parmi vous, Messieurs, qui pût savoir ce qu'a voulu dire M. le curé au prône ? » Tous me répondirent : « Non. »

Cependant, un instant après, un membre du conseil, qui est du hameau des Ablandins et le plus près voisin des maîtres de ces enfants, me dit : « J'entendis dire, hier soir, par mes voisins, que les bergers avaient vu sur la montagne une dame d'une tenue extraordinaire, et qu'elle leur avait dit telle et telle chose. C'est sans doute à quoi a voulu faire allusion M. le curé, parce qu'on dit que ces deux enfants sont venus le trouver ce matin pour lui raconter la chose. »

Tous les membres du conseil me parurent ne mettre aucune importance à cela.

Je rentre chez moi, toujours l'esprit un peu préoccupé de cette affaire, et, sans faire part d'aucune chose à ma famille, l'idée me vient d'aller interroger les enfants. Je me nantis d'une somme de quarante francs et je me dirige vers le hameau des Ablandins, à 1 kilomètre et demi de distance de chez moi. J'arrive et *je trouve les deux enfants* [1]; je fais d'abord parler la petite Mélanie, et je fais mettre Maximin au secret. Elle me fait son récit ; je l'écoute sans l'interrompre et quand elle a fini je lui dis : « Fais bien attention, ma petite, de ne rien dire de plus ni de moins. » Elle me répond : « J'ai dit tout ce que cette dame a recommandé de dire. »

Alors je fis venir le petit Maximin, et je fis mettre à son tour Mélanie au secret. Même récit et même réponse. Je fis

1. Ce témoignage formel de Pierre Peytard contredit celui du rapport Rousselot (p. 92) : « Dès le lendemain du 19 septembre 1846 le maire de la Salette interrogea *Mélanie restée seule dans le pays* et, quelques jours après, Mélanie conjointement avec Maximin, qu'on avait fait venir. » Nortet (p. 35) répète Rousselot. Mélanie (*l'Apparition*, p. 24) semble être du même avis : « M. Peytard, qui est encore aujourd'hui [1878] maire de la Salette, y vint m'interroger sur le fait de l'apparition ; et après s'être assuré de la vérité de ce que je lui disais il se retira convaincu. » Maximin (Péladan, *Maximin*, p. 60) dit expressément : « En arrivant chez mon père à la sortie de la grand'messe de Corps.... » Lequel croire ? Pierre Peytard aurait-il confondu, en octobre 1847, les interrogatoires du 20 et du 27 septembre 1846, le premier aux Ablandins, le second aux Baisses ? Alors que devient la phrase : « Vous nous donneriez *cette maison* pleine d'argent » ?

alors venir Mélanie en présence de Maximin ; je commençai par employer la douceur, en leur disant que ce qu'ils racontaient n'était qu'un pur mensonge, et que Dieu allait les punir sévèrement s'ils continuaient à faire ce récit ; que je leur conseillais, dans leur propre intérêt, de dire que ce qu'ils avaient avancé était faux, et qu'ils y avaient été excités par quelques motifs. J'en mis quelques-uns en avant. Je leur présentai alors mes 40 francs, leur disant que, s'ils voulaient m'en croire, je leur donnais cette somme ; à cela ils répondirent qu'ils faisaient peu de cas de mon argent ; puis ils ajoutèrent : « Vous nous donneriez cette maison pleine d'argent pour nous faire dire le contraire de ce que nous avons vu et entendu, que nous n'en ferions rien. »

Alors, voyant la fermeté de ces deux enfants, je me mis à leur faire des menaces ; à cela ils répondirent que toutes mes menaces ne leur faisaient pas plus de peur que mon argent ne leur faisait de plaisir.

Le dimanche suivant, 27 septembre, je me fis conduire, accompagné de quelques personnes, par les enfants, sur le lieu de l'apparition. Là je leur fais de nouvelles questions, je les fais mettre de la même manière et dans la même position qu'ils étaient quand ils s'endormirent, qu'ils s'éveillèrent, qu'ils furent chercher leurs vaches, qu'ils virent, selon leur expression, la belle dame ; qu'elle leur dit : « Avancez, mes petits enfants, je veux vous annoncer une grande nouvelle. » Et enfin je leur fis parcourir le chemin à plusieurs reprises, depuis le lieu de l'apparition jusqu'au lieu de l'ascension, et leur récit fut le même, de point en point, que celui qu'ils m'avaient fait le dimanche précédent et le même qu'ils font aujourd'hui.

Je me dispense de le transmettre à Votre Grandeur, sachant qu'elle le connaît déjà parfaitement.

3. Pèlerinages, guérisons, enquêtes, rapports.

Chose étonnante : le dimanche 20 septembre, sauf les petits bergers et les petites bergères, personne ne monta aux Baisses, même dans l'après-midi. Le lundi, plusieurs habitants de la Salette y allèrent et furent très étonnés de voir une eau limpide, abondante, jaillir de la « petite fontaine » qui jusqu'alors avait coulé à des intervalles irréguliers, après de grandes pluies ou à la fonte des neiges. L'avant-veille, à midi, les enfants, la trouvant tarie, avaient dû boire à la « fontaine aux hommes » ; depuis lors cette « fontaine miraculeuse » n'a cessé de couler [1].

A Corps, Maximin était l'objet de la curiosité. Quand il était arrivé des Ablandins avec Selme il n'avait trouvé que sa belle-mère : son père était déjà au cabaret. Tandis que Selme allait rejoindre le père Giraud, l'enfant raconta à sa belle-mère, puis à sa grand'mère, les événements de la veille. Mme Giraud ne put garder le silence ; aussi la maison de la vieille femme se remplit vite de curieux et le berger dut refaire plusieurs fois son récit. Au cabaret, quand Selme annonça à Giraud l'apparition, le charron éclata de rire ; rentré fort tard, il fait relever Maximin, qui recommence sa narration ; son père l'interrompt au milieu d'un nouvel éclat de rire, lui défend de raconter ces balivernes et le renvoie au lit.

Le lendemain, lundi, le nombre des curieux augmente. — Dis que tu n'as rien vu, ordonne le père, furieux. De nouveaux arrivés obtiennent cependant quelques détails : quand ils sont partis le charron administre à l'enfant une brutale correction ; le soir, il veut entendre le récit, et de nouveau l'interrompt.

Le mardi, la maison ne désemplit pas ; le père Giraud tonne ; Maximin va dans la maison de l'huissier, Ambroise Pélissier, et répète ce qu'il a vu et entendu. Il en est de même les jours suivants. Le vendredi, Maximin, accompagné de sa grand'mère, de sa belle-mère, de sa cousine, Mélanie Carnal, enfant de onze ans, et d'autres personnes, retourne pour la première fois à la montagne. Il remarque que la fontaine coule et refait son émou-

1. Pierre Peytard n'en parle pas dans sa lettre à Mgr Villecourt.

vant récit; la petite Mélanie souffrait depuis longtemps des yeux: elle les baigne avec l'eau de la fontaine et ne ressent plus aucun mal. Le soir, le père Giraud, intéressé, écoute tout au long le récit, est troublé quand il apprend que la dame a raconté l'épisode du Coin. Peu après, lui aussi fit l'ascension des Baisses, but à la fontaine, éprouva un mieux sensible. Il crut à l'apparition et se convertit; il mourut le 24 février 1849 [1], précédé dans la tombe par sa femme (24 janvier 1848).

Le dimanche 27, avons-nous dit, M. Peytard questionne, aux Baisses, les deux bergers et étudie les faits sur place.

Le samedi 3 octobre, en présence de quelques prêtres réunis chez lui, M. Mélin, curé de Corps, interroge séparément, puis ensemble, Maximin et Mélanie, qui se trouvait ce jour-là à Corps. A la question : « Avez-vous bien tout dit ? » Mélanie répond : « Nous avons tout dit ce que la dame nous a commandé de dire. — Vous a-t-elle dit autre chose encore? — Oui, elle a dit à Maximin quelque chose et à moi quelque chose aussi, mais elle nous a défendu de le dire. — Et vous ne connaissez point le secret l'un de l'autre? — Non, je ne connais point ce que la dame a dit à Maximin et il ne sait pas non plus ce qu'elle m'a dit. » C'était la première fois que les enfants parlaient de leur secret. Le lundi, 5 [2], M. Mélin monte aux Baisses avec les deux enfants, le nouveau curé de la Salette et quelques laïques; les explications des bergers sont très nettes : il croit donc à l'apparition et fait descendre à Corps la pierre où la dame s'est assise en pleurant. Après son retour dans sa paroisse on porte, sur son

1. Nortet (p. 46) dit à tort : 24 février 1850.
2. Nortet (p. 54) dit : le lundi 5 octobre; le P. Berthier (p. 35) dit : le 28 septembre. La visite de l'abbé Mélin dut suivre l'interrogatoire des enfants.

ordre, à une malade, Mme Aglot, incrédule à l'égard de la Salette, de l'eau de la fontaine miraculeuse ; cette femme en prend un peu pendant neuf jours ; le neuvième, elle recouvre la santé. Le 25 novembre, pendant que les Pénitents blancs de Corps prient à la Salette pour la femme Laurent, de Corps, restée sept ans percluse de tous ses membres et faisant à peine quelques pas avec des béquilles, cette paralytique se lève, marche, travaille sans secours étranger comme sans douleur ; la guérison persiste et à la fin de 1854 Mgr Ginoulhiac répétait ses propres paroles : « J'ai obtenu tout ce que j'ai demandé[1]. » Son cas fait beaucoup de bruit à Corps et aux environs.

Le 9 octobre précédent, l'évêque de Grenoble, Mgr de Bruillard [2], instruit des événements, adressait à son clergé cette sage circulaire, premier acte public de l'autorité ecclésiastique :

Vous avez sans doute connaissance des faits extraordinaires que l'on dit avoir eu lieu sur la paroisse de la Salette, près de Corps.

Je vous engage à ouvrir les Statuts synodaux que j'ai donnés à mon diocèse en l'année 1829. Voici ce qu'on y lit, page 94 :

« Nous défendons, sous peine de suspense encourue *ipso facto*, de déclarer, faire imprimer ou publier aucun miracle nouveau, sous quelque prétexte de notoriété que ce puisse être, si ce n'est de l'autorité du Saint-Siège et de la nôtre, après un examen qui ne pourra être qu'exact et sincère. »

1. Nous citons ces deux guérisons pour expliquer l'état des esprits ; on remarquera que, dans la suite de notre étude, nous ne parlons pas des miracles, *cependant réels*, obtenus par la dévotion à Notre-Dame de la Salette. Leur exposé et leur discussion nous entraîneraient trop loin.

2. Philibert de Bruillard, né à Dijon en 1765, élevé à Paris, où il exerça son ministère sacerdotal pendant la Terreur, curé de Saint-Etienne-du-Mont, évêque de Grenoble à 61 ans, 1826-1852, avait 81 ans en 1847 ; il mourut dans sa retraite de Montfleury, chez les dames du Sacré-Cœur, près de Grenoble, le 15 décembre 1860, à 95 ans. Ses successeurs furent Mgr Ginoulhiac, 1852-1870 ; Mgr Paulinier, 1870-1875 ; Mgr Fava, 1875-1899 ; Mgr Henry.

Or nous n'avons point prononcé sur les événements dont il s'agit. La sagesse et le devoir nous prescrivent donc la plus grande réserve, et surtout un silence absolu, par rapport à cet objet, dans la tribune sacrée.

Cependant on s'est permis de faire paraître un dessin lithographié et d'y ajouter des strophes en vers.

Je vous annonce, Monsieur le curé, que cette publication n'a pas été approuvée par moi, qu'elle m'a extrêmement contrarié et que je l'ai formellement et sévèrement réprouvée. Tenez-vous donc sur vos gardes et donnez l'exemple de la prudente réserve que vous ne manquerez pas de recommander aux autres [1].

De plus l'évêque nommait deux commissions, composées, l'une des huit chanoines, l'autre des professeurs du grand séminaire de Grenoble. Le 15 décembre, trois mois après l'apparition, ces deux commissions, qui avaient étudié le dossier déjà volumineux de la Salette, mais sans interroger les enfants, rendirent séparément leur jugement. Il peut se résumer en trois mots : ne pas encourager, ne pas arrêter, attendre.

Voici la décision des chanoines [2].

Les membres du chapitre de la cathédrale de Grenoble soussignés sont d'avis qu'il faut s'abstenir de toute décision sur l'événement dont il s'agit.

Car, d'un côté, cet événement n'a produit que de bons effets. Les populations environnantes en sont devenues plus ferventes et plus exactes à remplir leurs devoirs religieux; il serait donc fâcheux d'arrêter cet élan par quelque décision restrictive de toute croyance à cet événement.

1. L'abbé Déléon répète dans ses ouvrages que, le mardi 22 septembre, trois jours après l'apparition, Mgr de Bruillard « annonçait aux 400 religieuses de la Providence, réunies en retraite annuelle à Corenc, que la sainte Vierge avait, le samedi précédent, honoré de sa visite une montagne de son diocèse ». Je n'ai pu contrôler le fait, mais il contredit absolument la lettre authentique du 9 octobre. D'autre part l'affirmation fut reprise en 1854 dans le *Mémoire au pape* et Mgr Ginoulhiac ne la réfuta point.

2. MM. Bouvier, Rousselot, Desmoulins, Boix, Michon, Henry, Petit, Revol.

D'un autre côté on ne voit pas sur quoi pourrait porter une décision approbative du dit événement.

Car : 1° jusqu'ici on n'a que le témoignage de deux enfants ; or rien ne prouve d'une manière indubitable que ces enfants n'ont pas été induits en erreur et qu'ils n'ont pas voulu propager une supercherie dont ils auraient été les complices ou les victimes. Et serait-il bien raisonnable, et surtout bien prudent, que l'autorité admît ou accréditât, par une décision authentique et solennelle, un pareil fait, sur le témoignage unique de deux enfants? Et qu'arriverait-il si, après une décision affirmative de l'autorité, ces enfants, ou tout autre, déclaraient qu'il n'y a rien de vrai dans leur récit?

2° En admettant la véracité du récit de ces deux enfants, l'autorité n'a pas à intervenir. Ces enfants remplissent leur mission et les desseins de Dieu en racontant l'événement et en rapportant les faits, les menaces et les promesses qu'on leur aurait dit de faire connaître. Le personnage de l'apparition ne leur aurait pas dit d'en faire part spécialement à l'autorité et de lui rien demander. L'autorité n'a donc pas à se prononcer sur cet événement tant qu'il ne produira aucun mauvais effet, et quand surtout il n'en produit que de bons. Elle doit laisser libres d'y croire ceux qui y découvrent des preuves suffisantes, et ne pas blâmer ceux qui s'y refusent par des motifs contraires.

Si cet événement vient de Dieu et que Dieu veuille que l'autorité intervienne, il manifestera sa volonté d'une manière plus positive et plus certaine. Alors l'autorité sera toujours à temps de se prononcer. Il n'y a pas nécessité de le faire à présent; il n'y a pas péril dans le retard ; c'est prudence d'attendre.

Les membres soussignés partagent le même avis au sujet des événements subséquents qu'on allègue en confirmation du fait précédent et principal. Ces événements ne leur paraissent pas réunir tous les caractères d'une vraie et certaine intervention surnaturelle, ni présenter aucun inconvénient à les laisser croire de manière à exiger une décision de l'autorité.

En foi de quoi ont signé au présent rapport, à Grenoble, le 15 décembre 1846, en émettant le vœu que Monseigneur fasse faire une enquête juridique pour mieux apprécier les faits.

Il est à remarquer que, sauf la pratique plus exacte

des devoirs religieux à Corps et aux environs, les chanoines n'invoquent aucune raison en faveur de l'apparition ; ils insistent sur les raisons contre : les miracles cités ne sont point probants ; si les enfants ont dit vrai, l'autorité n'a pas à intervenir ; rien ne prouve d'une manière indubitable que ces enfants n'ont pas voulu propager une supercherie dont ils auraient été les complices ou les victimes.

Le jugement est plutôt sévère.

Celui des professeurs du grand séminaire [1] ne l'est pas moins, surtout dans sa partie finale.

De toutes ces pièces il ressort clairement que l'apparition vraie ou prétendue a produit une sensation et des effets étonnants sur les lieux et dans les environs ; et, ce qui est assez extraordinaire, ces effets se soutiennent, s'augmentent même et s'étendent de plus en plus. Il paraît aussi, d'après les mêmes pièces, que la vue des deux enfants, leur naïveté simple et ferme tout à la fois, font une singulière impression et produisent même une conviction plus ou moins complète chez tous ceux qui les voient et les interrogent. Plusieurs réponses des enfants semblent aussi bien propres à faire croire à quelque chose d'extraordinaire ; ajoutez-y encore toutes les choses étonnantes qu'on publie comme opérées par Notre-Dame de la Salette ou par l'eau de la fontaine. Tout cela, en ne considérant que ce côté de la chose, rend très plausible le miracle de l'apparition et nous disposerait fort à y croire s'il ne s'agissait que d'un fait ordinaire qu'on peut admettre sans danger et sans conséquence.

Mais, comme il est question ici de prononcer doctrinalement sur un fait, en tant que miraculeux, en face d'une attention générale toute disposée à y croire ou à s'en moquer ; que dès lors la décision de l'autorité doit avoir des conséquences graves, qu'elle se prononce pour ou contre le miracle, il nous semblerait prudent et même nécessaire de ne prendre aucun parti décisif jusqu'à ce qu'on ait pu acquérir une certitude pleine et entière sur la réalité et la nature du fait en question

1. MM. Orcel, supérieur; Rousselot, Gay, Rivaux, Michalet, Albertin.

Or il nous paraît que, jusqu'à ce jour, rien ne démontre encore d'une manière authentique et inattaquable la vérité ou la divinité de cette apparition. Voici nos raisons :

Quelque nombreuses et incontestablement sincères que soient toutes les relations sur l'apparition et sur les promesses et menaces, tout cela repose en définitive sur le témoignage des deux enfants. Or, quoiqu'il mérite beaucoup de confiance, il nous paraît imprudent d'en faire la base d'un jugement déclaratif du miracle, à moins qu'il ne soit régulièrement confirmé et rendu inattaquable par l'examen intrinsèque de ce que disent les enfants et la manière dont ils le disent, ou mieux encore par des prodiges, véritable cachet de l'inspiration divine. *Or ni les récits des enfants ni les miracles allégués jusqu'à présent à l'appui ne nous paraissent détruire tout sujet d'appréhender et de se tenir dans une juste réserve; il y a même certains articles qui inspirent quelque défiance sur la vérité des paroles de la belle dame.*

Ces différents faits laissant tous quelque doute, nous revenons à notre conclusion d'attendre et de chercher, si on veut, des éclaircissements qui amènent une entière certitude.

Sept mois après ces jugements, dont l'abbé Rousselot ne parle pas dans son rapport de 1848, Mgr de Bruillard nommait, par ordonnance du 19 juillet 1847, les chanoines Rousselot, vicaire général honoraire, et Orcel, supérieur du grand séminaire, commissaires délégués pour dresser une enquête et recueillir tous les renseignements relatifs au fait de la Salette. Ces messieurs visitèrent neuf diocèses du midi, se rendirent à la Salette, interrogèrent les enfants; au bout d'un mois ils étaient de retour à Grenoble (28 août); le 5 septembre l'évêque écrivait à Mgr Villecourt, évêque de la Rochelle, pèlerin de la Salette au mois de juillet précédent et qui préparait un récit de l'apparition : « Je ne puis qu'applaudir au projet que vous avez formé de communiquer à toute la France, par un ouvrage sorti de vos mains, votre conviction au sujet du célèbre événement de la Salette... Je regarderai votre ouvrage comme un préliminaire très favorable au jugement doctrinal que j'aurai, je l'espère, à prononcer plus tard. »

Le 19 septembre 1847, premier anniversaire de l'apparition, un grand pèlerinage eut lieu à la Salette : près de 80.000 personnes se réunirent sur la montagne ; trente ou quarante messes furent dites dans une chapelle en planches; à une heure du matin une procession aux flambeaux se dirigea de Corps aux Baisses. Le chanoine Gérin, curé de la cathédrale de Grenoble, prononça une allocution : il décrivit les splendeurs de l'apparition de 1846, parla des « anges placés aux fenêtres du ciel pour contempler la sainte Vierge dans le moment à jamais heureux où elle descendait sur la sainte montagne ». Un peu auparavant il s'était écrié : « Si la sainte Vierge n'a point apparu sur cette montagne, elle est obligée de s'y montrer aujourd'hui; si elle ne s'y montre pas, c'est qu'elle y a apparu » (Rousselot, *la Vérité*..., p. 99). La conclusion dépassait un peu les prémisses.

Les deux délégués terminèrent leur rapport le 25 octobre 1847. Aussitôt une commission fut formée, composée en partie des mêmes éléments que la commission de 1846 : huit chanoines (l'un d'eux, membre de la commission de 1846, M. Bois, était mort) et le supérieur du grand séminaire, M. Orcel ; les professeurs du grand séminaire furent remplacés par les deux vicaires généraux et les cinq curés de Grenoble : en tout seize membres (y compris les deux commissaires), présidés par l'évêque.

Huit séances eurent lieu, les 8, 15, 16, 17, 22, 29 novembre, 6, 13 décembre 1847.

A la seconde (15 novembre) l'abbé Cartellier, curé de Saint-Joseph, observe que Maximin avait attribué à la dame ces paroles : « Pendant tout l'été les garçons ne vont presque pas à la messe ; les hivers ils y vont quand ils ne savent que faire, mais ils remplissent leurs poches de pierres pour les jeter aux filles »; que plus tard il a supprimé ce détail; que, interrogé par plusieurs personnes, il a avoué aux unes, nié aux autres, et que dès lors on doit se tenir en garde.

Le lendemain, à la troisième séance [1], le même affirme que, sur la montagne de la Salette, Maximin lui a parlé d'une « autre apparition d'une dame noire », et Mélanie de « l'apparition d'un flambeau céleste » envoyé par Dieu pour la diriger dans la nuit.

A la quatrième conférence les enfants comparaissent; M. Cartellier leur fait avouer l'exactitude de ses assertions; Maximin répond, à propos des pierres, que, les premiers temps, il était plus préoccupé « de la pensée et de l'image de la dame » que de ce qu'il disait, et en second lieu que, par légèreté, il avait ajouté le commentaire (Rousselot, *la Vérité...*, p. 220); Mélanie, elle, proteste contre cette addition.

Le rapport de MM. Rousselot et Orcel, imprimé en juillet 1848, ne parut, à cause de la révolution de Juillet, qu'à la fin de l'année. La conclusion était très nette (p. 74) : « Nous croyons pouvoir nous prononcer pour la réalité de l'apparition de la sainte Vierge. En effet, le récit des enfants est vrai et doit être cru s'ils ne sont ni trompés, ni trompeurs. Ils n'ont pu être *trompés* que de deux manières : ou par une illusion ou hallucination mentale de peu de durée, ou par un personnage fourbe et adroit qui a joué devant eux le rôle attribué à la belle dame. Deux suppositions difficiles à prouver, faciles à renverser. Ils ne peuvent être *trompeurs* aussi que de deux manières : ou parce qu'ils ont inventé et concerté

1. Donnadieu (*la Salette-Fallavaux*, I, p. 125) dit à tort que ce fut dans la deuxième conférence ; autre erreur (*ibid.*, II, 70) : la remarque fut faite à la troisième séance, mais non « par un autre curé ».

la fable qu'ils récitent, ou parce qu'ils se prêtent sciemment à un imposteur sacrilège et habile qui les a stylés, qui, de loin ou de près, leur souffle adroitement, sans jamais se montrer, le rôle qu'ils jouent depuis vingt mois. Deux nouvelles suppositions absurdes et impossibles. Donc les enfants de la Salette ne sont ni trompés, ni trompeurs ; donc ils disent vrai et leur récit doit être admis comme vrai.

« Voici maintenant nos preuves, tirées : 1o du fait en lui-même (caractère des bergers, inspection des lieux, nature du récit, sagacité extraordinaire des enfants à résoudre les difficultés objectées) ; 2o de la croyance qu'il a obtenue sur les lieux ; 3o de celle qu'il a obtenue dans l'esprit des personnes sages et éclairées, accourues sur les lieux de toutes parts et en grand nombre ; 4o des conséquences extraordinaires qui ont suivi le fait et qui en sont devenues la preuve la plus irréfragable. »

L'apparition ne souleva publiquement aucune difficulté jusqu'à l'incident d'Ars (septembre 1850).

II

L'INCIDENT D'ARS

1850-1851

RÉSUMÉ. — En septembre 1850 un étranger veut emmener de Corps Maximin et Mélanie; Mgr de Bruillard enjoint aux enfants de rester dans le diocèse : Mélanie, docile, va au couvent de Corenc; Maximin se laisse conduire à Ars. A la suite de deux courts entretiens avec lui, le curé d'Ars, M. Vianney, comprend que Maximin n'a rien vu sur la montagne et communique sa découverte à Mgr de Bruillard (5 décembre), trois semaines après que son vicaire en avait averti longuement l'ordinaire, Mgr Devie (11 novembre). Le fait produit une grande émotion. Le 7 janvier 1851, Mgr de Bruillard écrit à l'évêque de Belley pour lui expliquer l'incident d'Ars; le 15, sans blâmer ni M. Vianney ni le vicaire, Mgr Devie donne une réponse pleine de réserves. D'abord incroyant à la Salette, à cause des paroles de Maximin, le curé d'Ars y croit de nouveau en 1858.

Depuis le mois de septembre 1846 Maximin, depuis le mois de décembre Mélanie [1] étaient élevés chez les sœurs de la Providence, à Corps. Le curé, M. Mélin, essayait de donner quelques leçons de latin au premier, mais l'élève était étourdi, distrait; plusieurs fois même il s'échappa du couvent pour aller s'amuser avec les camarades. Ses fugues lui attirèrent de vigoureuses corrections de son tuteur, l'oncle Templier; un soir l'enfant

1. Dans sa déclaration du 28 septembre 1857 (Rousselot, *la Vérité*..., p. 48), Selme dit :« Mélanie est continuellement restée (aux Ablandins) jusqu'au commencement du mois de décembre. » L'abbé Rousselot (*ibid.*, p. 77) dit qu'elle quitta le hameau « aux environs de Noël ».

s'enfuit aux Ablandins, chez son ancien maître, Pra, qui le ramena à Corps quelques jours après. Ici se place une odyssée des plus romanesques que nous nous contentons de résumer.

Un oncle de Maximin, qui demeurait à Crémieux, venait de perdre sa femme; Louis Templier résolut de lui confier Angélique, la sœur de Maximin ; tous trois vont à pied jusqu'à Grenoble ; là ils rencontrent M. de Certeau, lequel, au courant de l'événement de la Salette, se charge des frais de voyage et leur donne à l'aller et au retour de Crémieux, où l'oncle les accueillit assez mal, l'hospitalité dans son château de Passins. Cette réception ouvre un vaste horizon devant les yeux émerveillés de Templier : il imagine de promener les deux bergers, comme des bêtes curieuses, de ville en ville ; le père de Mélanie accepte ; Maximin et Mélanie s'y refusent.

Sur ces entrefaites un M. Bonafous propose à l'oncle Templier de placer son pupille chez les Maristes de Lyon; il intéresse à cette décision deux personnes qui, pour jeter plus de lumière sur la vocation de Maximin, exigent que l'enfant aille avec eux à Ars : Mélanie sera du voyage.

Le 21 septembre 1850 les enfants font leurs adieux à sœur Sainte-Thècle, supérieure du couvent de Corps ; la religieuse leur recommande, en passant à Grenoble, d'aller voir Mgr de Bruillard. La jeune fille, accompagnée de son père, se rend à l'évêché, mais le prélat lui interdit de sortir du diocèse et, sur son désir d'entrer en religion, lui dit d'aller à Corenc, maison-mère des sœurs de la Providence. Elle y va le jour même. En même temps l'évêque, instruit par Mélanie, ordonne à Maximin de se rendre à l'Œuvre de Saint-Joseph, tenue à Grenoble par les Frères de la doctrine chrétienne. Les trois protecteurs improvisés de l'enfant l'y conduisent, puis, une heure après, l'y viennent chercher pour le faire souper avec eux, et finalement tous quatre, accompagnés d'Angélique, la sœur de Maximin, prennent, le soir, la diligence de Lyon, d'où ils vont à Ars.

L'abbé Raymond, vicaire de l'abbé Vianney, a raconté, dans une longue lettre du 11 novembre 1850 adressée à son ordinaire, Mgr Devie, évêque de Belley, au cardinal de Bonald, archevêque de Lyon, et à Mgr Deperry, évêque de Gap, « l'incident d'Ars ».

Ars, 11 novembre 1850.

Monseigneur,

J'ai l'honneur de vous annoncer le pèlerinage à Ars de plusieurs personnages qui peuvent intéresser Votre Grandeur sur l'événement de la Salette. Le premier est Maximin, à qui, dit-on, la sainte Vierge a apparu. Il était accompagné de sa sœur, âgée de 20 à 22 ans, et de quatre pèlerins de diverses contrées. L'un d'eux habite Versailles, près Paris. Ils sont entrés dans notre église vers les 6 heures et demie du soir. J'en avertis de suite M. Vianay[1] qui pense, comme moi, qu'on ne doit pas paraître empressé de voir cet enfant si extraordinaire. J'observe donc à ceux qui le présentent que M. le curé est fatigué, qu'il a son bréviaire à réciter et qu'il ne pourra les entendre que le lendemain. Ils insistent : « Maximin, disent-ils, veut le voir ce soir, afin de pouvoir communier demain avant notre départ ». Je les engage à prendre patience jusqu'au matin, et je leur assure qu'alors tout ira selon leur désir. Invitation leur est faite de venir chez moi dans la soirée ; ils s'y rendent. M'adressant à celui qui me paraît le plus digne, à l'habitant de Versailles, j'engage ainsi la conversation. « A quel dessein, Monsieur, amène-t-on ici Maximin ? — Il vient pour consulter votre bon curé sur sa vocation. — Peut-il être indécis à cet égard, s'il a vu la sainte Vierge, si elle lui a parlé longuement, si elle lui a communiqué un secret ? N'est-ce pas à M. le curé de Corps, qui l'a toujours eu sous les yeux depuis l'événement, qu'il appartient de prononcer ? — Hélas ! M. l'abbé, l'enfant a perdu son père, il est maintenant sous la tutelle d'un oncle qui le laisse vagabonder

1. Ainsi orthographie l'abbé Raymond.

toute la journée ; il n'est plus assidu à recevoir les leçons de son curé,qui est très mécontent de lui et de Mélanie.— Ce relâchement des deux enfants ne donne-t-il pas à M. le curé de Corps des doutes sur l'apparition ? — Nullement, car il établit sa conviction sur les miracles opérés, malgré son dédain pour ces deux enfants. — N'a-t-il pas eu la pensée de placer Maximin dans le petit séminaire de Grenoble? — Nous en venons, mais on n'a pas jugé à propos de l'y admettre. — On craignait sans doute qu'il ne s'évadât ? » — Frappé de cette réflexion, mon interlocuteur s'écrie : «Ah! c'est précisément le motif de refus qu'a donné un des directeurs de l'établissement. — Pourquoi l'a-t-on fait sortir de Corps ? — M. le curé ayant peu d'attention pour lui,nous avons pensé que son vagabondage lui deviendrait de jour en jour plus pernicieux et qu'il était urgent de l'éloigner afin qu'il s'appliquât davantage à l'étude ou à quelque autre travail. Son oncle l'a mis sous notre responsabilité. Nous avons acheté ses vêtements, nous payons ses frais de voyage. — Qui lui a donné l'idée de venir ici? — Les pèlerins de la Salette lui ont beaucoup parlé du bon curé d'Ars : de suite il a eu le désir de le voir; il l'a même connu à son portrait sans l'avoir vu. — Voilà encore du merveilleux; mais revenons aux miracles sur lesquels M. le curé de Corps établit sa conviction. Sont-ils bien constatés ? Ne sont-ils pas plus certains que la conversion de ses paroissiens ? Arrivant à Corps, l'an dernier, 25 juin, jour de la fête patronale, j'ai été témoin d'assez grands désordres. On servait, le vendredi, des aliments gras aux voyageurs; on dansait sur la place publique; on résistait aux injonctions des gendarmes; on les menaçait. Ce n'est qu'à minuit que le tapage a cessé et que le calme s'est établi. Ces scandales ont affaibli ma croyance à l'apparition. Les miracles cités ne sont-ils pas plus certains que celui qu'a proclamé M. le curé de la Salette, en présence des pèlerins réunis avec moi dans la chapelle? Une institutrice de Gap, nous disait-il, atteinte d'une extinction de voix et dans un épuisement tel qu'à peine pouvait-elle se soutenir sur la mule qui l'a portée sur la montagne, a été parfaitement guérie avant-hier, le 28 juin, en buvant de la merveilleuse fontaine. Soudain la parole lui est revenue forte et facile. Pour prouver qu'elle avait recouvré toutes ses forces elle a gravi le mont Gargas et en est descendue sans ressentir la moindre fatigue. Quatre jours après cette guérison ainsi publiée, je rencontre cette même institutrice dans la chapelle de Notre-Dame-du-Laus, je la vois, je l'interroge, j'aperçois qu'elle est souffrante. Elle avoue et déclare qu'à son retour de la Salette il lui est survenu un malaise dans tout le corps qu'elle ne sait comment expliquer, mais qui l'a fait souffrir. La guérison n'est donc pas entière ; peut-on l'appeler miraculeuse? — Monsieur l'abbé, vous ne croyez donc pas à l'apparition ?— J'y croirai quand j'aurai des preuves plus convaincantes que celles alléguées jusqu'à ce jour. — Que pensez-vous du rapport des deux enfants? — Je le crois faux comme celui de trois petites filles, âgées seulement de 9 ans, dont voici l'histoire. (Maximin, assis à mes côtés, ouvre alors de grands yeux et écoute de toutes ses oreilles.)

Ces trois petites filles gardent leur petit troupeau en plein champ, encore impressionnées de ce qu'on avait prêché, la veille, aux enfants de la première communion. « Oh ! qu'ils sont heureux ! s'écrie l'une d'elles, montrant ces enfants qui avaient communié pour la première fois : s'ils viennent à mourir aujourd'hui ils iraient au ciel. Promettons au bon Dieu de faire pénitence ici pendant trois semaines ; demandons-lui la grâce de nous préparer à la première communion, et nous irons au ciel. — Mais, dit une autre, nos parents viendront nous chercher si nous ne retournons pas ce soir à la maison. — Nous leur dirons, ajoute l'auteur de la proposition, que la sainte Vierge nous a apparu, qu'elle nous a recommandé d'accomplir notre vœu, et qu'elle nous a promis d'obtenir de son divin Fils les grâces que nous lui demandons. » Tout est arrêté et conclu entre elles. La nuit tombe, les parents arrivent pour les ramener au logis, les trois petites pénitentes leur annoncent qu'elles ne peuvent quitter ce lieu béni où la sainte Vierge, leur apparaissant, leur a dit de rester jusqu'à l'accomplissement de leurs promesses faites à Dieu. Ces bonnes gens croient aisément à la parole de leurs enfants ; ils se trouvent heureux eux-mêmes du privilège qui leur est accordé. Ils apportent la nourriture quotidienne. La nouvelle s'en répand avec rapidité. On accourt de tous côtés ; ces petites filles voient autour d'elles jusqu'à mille personnes qui les admirent et envient leur bonheur. L'autorité locale s'offusque de ce concours et de la trop grande crédulité de ces gens. On avise un moyen d'emmener ces enfants le septième jour dans l'hospice voisin, sous la garde des sœurs hospitalières. Des gendarmes, accompagnés de soixante fusiliers pour empêcher le tumulte, viennent à elles ; l'un d'eux fait semblant de voir autour d'elles la sainte Vierge qui les protège, et les en félicite et les invite à monter en voiture avec un monsieur qui dit aussi voir la sainte Vierge qui les suit. Introduites dans l'hospice, elles subissent mille et mille interrogatoires, tantôt séparées, tantôt réunies. Promesses, menaces, tout est employé pour leur arracher un aveu négatif. Elles soutiennent toujours la même chose, elles sont inébranlables. Elles ont aussi leur secret qu'elles ne doivent jamais révéler, celui d'avoir inventé l'apparition. Je suis seul dépositaire depuis peu de jours de ce secret gardé près de 40 ans. C'est le même secret que Maximin et Mélanie ne veulent pas dévoiler. » Soudain deux de ces messieurs se lèvent et d'un ton menaçant disent à Maximin : « Malheureux! si tu mentais comme ces trois petites filles tu mériterais l'enfer ! » Il répond d'une voix embarrassée et distincte : « Je n'ai pas dit que j'ai vu la sainte Vierge, mais j'ai dit... » Là il s'arrête et rentre dans son silence. Je dis à mon tour : « Vous voyez, Messieurs, comme on peut croire au rapport de Maximin. Terminons : demain vous le présenterez à M. Vianay. » On se lève, mais le Versaillais, inquiet, émet cette réflexion : « On dira bien que je suis fou d'avoir entrepris ce long pèlerinage de la Salette, comme on l'a déjà dit de mon excursion à Nieserbrow auprès de l'extatique. Il est enfin des gens qui ne croient pas à ces révélations. Cependant elle a connu le baron de Richemont sans l'avoir jamais vu. — Vous croyez donc à l'existence de Louis XVII dans la personne de ce Richemont? — J'y crois, monsieur l'abbé, comme à ma propre existence. — Eh bien ! Monsieur, je n'y crois pas davantage qu'à l'apparition de la Salette. C'est assez ; à demain. »

Le lendemain j'informe exactement M. Vianay de ce qui s'est dit la veille. Les quatre pèlerins, Maximin et sa sœur l'attendaient à la sacristie. Je leur observe que M. Vianay ne parlera pas à Maximin en leur présence. L'un d'entre eux me dit que l'enfant veut qu'ils entendent les réponses qu'il lui fera. Je réplique : « Cet enfant n'a pas d'autre pensée que celle que vous lui suggérez. Accablé de vos bienfaits, il se rendra à vos désirs. Laissez-le seul dans la sacristie avec M. le curé, et après vous aurez votre tour. » Ils défèrent à mon avis.

Maximin parle secrètement avec M. Vianay au moins une demi-heure ; il se retire mécontent et veut de suite partir. Ses bons mentors le retiennent et le ramènent au bon curé une seconde et une troisième fois. Rien ne transpire encore; je demande à l'un d'eux s'ils sont satisfaits. « Très satisfaits, me répond-il; Maximin est dans la joie; il veut quitter le monde et s'ensevelir dans un cloître. » A deux heures ils partent pour Lyon, où ils passent quelques jours. Après avoir obtenu le consentement de son tuteur, on place Maximin dans un pensionnat sous le pseudonyme de Joseph Bez; il en est déjà sorti, car sa rentrée dans le diocèse de Grenoble est certaine.

Sur ces entrefaites arrive à Ars M. Albert, curé de Voiron, près Grenoble, et prédicateur à la Salette au dernier anniversaire. Je lui raconte tous les détails déjà cités, et j'ajoute que, le soir même du départ de Maximin, mon bon curé me dit seulement: « Cette apparition de la Salette n'est rien; n'en parlons pas. » Je trouve sur la crédence de la sacristie une adresse à Mgr de Grenoble et le nom de Maximin Giraud, écrits de la main de M. Vianay. Je lui demande ce que signifie cette adresse; il me répond: « C'était pour ce petit; mais nous n'avons pu nous accorder: il a été mécontent de moi et moi de lui. » Dès lors le bon curé a refusé d'apposer sa signature aux images de l'apparition. M. Martinet, curé de Romanèche (Ain), lui en a présenté à signer; il s'y refuse et lui annonce que l'apparition de la Salette n'est pas vraie, que c'est un mensonge. Même réponse est donnée à un autre prêtre qui la transmet au personnel du château d'Ars. Afin de s'assurer davantage il s'accuse d'imprudence pour avoir divulgué cette réponse; le bon curé lui permet de la répéter à qui il voudra. M. Albert recueille tous ces renseignements, mais il en est tourmenté. Il vient me chercher à mon confessionnal pour lui faciliter le moyen d'obtenir de M. Vianay ce qu'il avait appris de Maximin; je ne puis le satisfaire. Il en savait assez pour avertir la Commission chargée de vérifier le fait. Aujourd'hui cette Commission se remue et s'agite.

M. Gerin, curé de la cathédrale, un de ses membres, se rendant à Lyon, a recommandé aux autres de ne pas conclure l'achat de l'emplacement de la Salette avant son retour; il a eu l'heureuse idée de venir jusqu'à Ars. Mon bon curé l'a vu avec grand plaisir; il s'est empressé de lui communiquer le secret de Maximin pour le remettre à son évêque seulement, et avec défense de le donner à tout autre. Je lui fis part de tout ce que je savais, ce qui l'intéressa vivement; il m'a demandé l'autorisation d'en parler, ce que je lui ai accordé volontiers, il m'en a témoigné sa reconnaissance, parce que c'était l'équivalence du secret. Il a reconnu et certifié l'inexactitude de la lettre de M. le curé de Corps, publiée par le journal de Nancy et reproduite par *l'Univers*. L'affluence des pèlerins a été moindre au dernier anniversaire à la Salette qu'aux précédents. L'achat du terrain n'est pas encore effectué. Il s'est hâté de remplir sa commission auprès de son évêque et de donner tous les renseignements venus d'Ars.

Samedi dernier MM. Rousselot et Mélin, curé de Corps, nous ont aussi honorés de leur visite; ils étaient munis d'une lettre de Mgr de Grenoble adressée à M. Vianay et d'un certificat de Maximin qui autorisait le bon curé à redire tout ce qu'il lui avait dit au sujet de l'apparition, soit en confession ou autrement. Ils n'ont pu garder l'incognito comme ils voulaient; ils m'ont célé le but de leur pèlerinage, mais je l'eus bientôt deviné quand on me les nomma ; ils ont eu une entrevue dans la sacristie avec M. Vianay, pendant que je chantais une messe de Requiem.

Mon bon curé, s'étant assuré que le certificat qu'on lui présentait était écrit par la main de Maximin, leur a donné son secret; le voici : « Maximin m'a dit qu'il n'a pas vu la sainte Vierge; qu'il a imaginé tout ce qu'il a raconté, ignorant si cette idée lui était venue de l'Esprit-Saint ou du diable; qu'il ne pensait pas que cette invention fît beaucoup de mal; qu'il croyait, au contraire, qu'elle procurerait le salut des âmes. Maximin m'a dit qu'il avait l'intention de se retirer dans un couvent et que, si on l'interrogeait encore sur l'apparition, il répondrait qu'il n'a plus rien à dire. »

— Il n'y a pas à s'y méprendre, a dit M. le curé de Corps : Maximin a parlé clairement cette fois. — Mais, disait M. Rousselot, plein de son rapport médité, ces enfants n'ont pu tromper. — Ils ont pu tromper, a répondu M. Vianay, puisqu'ils ont trompé et que d'autres enfants plus jeunes qu'eux ont trompé. — Autre objection apportée : Comment expliquer les miracles opérés à cette occasion? — Réponse du bon curé : Ces miracles sont-ils bien vrais ? n'en a-t-on pas cités qui ne sont pas réels ? et, supposé que les guérisons qu'on cite soient véritablement miraculeuses, il n'y a qu'une sainte Vierge Marie mère de Dieu, qui écoute partout les prières qu'on lui adresse avec confiance. — Ces messieurs ont demandé à M. Vianay s'il croyait à l'apparition avant d'avoir vu Maximin : « J'y croyais si bien, a-t-il répondu, que j'en ai parlé publiquement dans mon église et que je conservais précieusement une parcelle de la pierre sur laquelle la sainte Vierge aurait reposé ses pieds si elle avait apparu. » M. Rousselot, atterré, prie M. Vianay de ne pas répandre ce que lui avait dit Maximin, parce que, lui disait-il, « la parole d'un homme de poids comme vous aurait bientôt tout renversé ; il en résulterait beaucoup de mal.— Vous vous inquiétez beaucoup trop, disait le bon curé ; vous donnez beaucoup trop d'importance au pauvre petit curé d'Ars. Si l'apparition est l'œuvre de Dieu, comme vous le prétendez, tous les hommes auront beau faire et la rejeter, elle subsistera malgré eux. Si au contraire c'est l'œuvre des hommes, malgré tous leurs efforts, elle tombera en oubli. Qu'on ne dise et qu'on n'écrive plus rien ; que Mgr votre évêque interdise la chapelle *a sacris*, et le pèlerinage cessera bientôt ; qu'on n'exhorte plus les pèlerins à monter à la Salette, qu'on laisse les planches de la chapelle pourrir et tomber, et tout le reste tombera de même. Il n'en viendra pas tout le mal que vous craignez. »

M. Vianay n'a pas pris l'engagement de n'en pas parler ; c'est lui-même qui m'a tout raconté quelques instants après l'entrevue. Ces deux messieurs ont dit la messe et sont repartis, paraissant bien embarrassés. Tout ce que j'ai l'honneur d'exposer ici à Votre Grandeur s'est passé à Ars dans l'espace de cinq à six semaines. Mon bon curé est d'avis que je le lui adresse avec ses respectueux hommages.

L'abbé Monnin, qui eut deux fois avec M. Vianney, en présence de témoins, un entretien à fond sur ce sujet, a consacré à l'incident un chapitre spécial dans sa *Vie du curé d'Ars*, 1861 (t. II, livre IV, chap. 9, pp. 278-290).

« Si Maximin ne m'a pas trompé, disait M. Vianney, il n'a pas vu la sainte Vierge. — Mais, monsieur le curé, on dit que M. Raymond avait poussé à bout cet enfant et que c'est pour se débarrasser de ses obsessions qu'il dit n'avoir rien vu. — *Je ne sais pas ce que M. Raymond a fait ;* mais je sais bien que moi je ne l'ai pas tourmenté. Je n'ai fait que lui dire quand on me l'a amené : C'est donc vous, mon ami, qui avez vu la sainte Vierge? — Maximin ne disait pas qu'il avait vu la sainte Vierge; il disait seulement qu'il avait vu une grande dame ; il y a peut-être là-dessous un malentendu? — Non, mon ami ; le petit m'a dit que ce n'était pas vrai, qu'il n'avait rien vu. — Comment se fait-il que vous n'ayez pas exigé de lui une rétractation publique? — Je lui ai dit : Mon enfant, si vous avez menti, il faut vous rétracter. — Ce n'est pas nécessaire, m'a-t-il répondu, ça fait du bien au peuple. Il y en a beaucoup qui se convertissent. Puis il a ajouté : Je voudrais faire une confession générale et entrer dans une maison religieuse. Quand je serai au couvent je dirai que j'ai tout dit et que je n'ai plus rien à dire. Alors j'ai repris : Mon ami, ça ne peut pas aller comme ça ; il faut que je consulte mon évêque. — Eh bien ! monsieur le curé, consultez-le. Mais ce n'est pas la peine. Là-dessus Maximin a fait sa confession.»

M. Vianney ajoutait : « Il ne faut pas se tourmenter de cela. Si ce n'est pas vrai, ça tombera tout seul. Si c'est l'œuvre de Dieu, les hommes auront beau faire, ce ne sont pas eux qui la détruiront. — Monsieur le curé, êtes-vous sûr d'avoir bien entendu ce que Maximin vous a dit? — Oh ! très sûr ! Il y en a bien par là qui ont voulu dire que j'étais sourd [1]. Que n'a-t-on pas dit? Il me semble que ce n'est pas comme ça qu'on défend la vérité. »

Voilà le résumé consciencieux d'un entretien qui est lui-même le compte-rendu fidèle de la trop célèbre entrevue du curé d'Ars avec Maximin. Nous avons recueilli toutes ces paroles de la bouche du vénérable M. Vianney, et il n'a jamais parlé autrement. Il a cru, c'est incontestable, que Maximin lui

1. « Cette malheureuse assertion, due en premier lieu à Maximin, a été répétée dans presque tous les ouvrages écrits pour la défense de la Salette et a fort scandalisé les habitants d'Ars, car c'est précisément le contraire qui est la vérité. M. Vianney avait l'ouïe d'une finesse extrême, jusque-là qu'il était obligé, la nuit, d'envelopper sa montre, dont le bruit l'empêchait de dormir. Il est plus vrai qu'on l'entendait difficilement, et l'hypothèse que Maximin a pu ne pas comprendre ses questions et répondre au hasard serait plus admissible. » (Note de l'abbé Monnin.) — Plus admissible, oui, mais peu vraisemblable ; Maximin a bien compris M. Vianney lui disant : « Mon enfant, si vous avez menti, il faut vous rétracter » puisqu'il répond : « Ce n'est pas nécessaire, *ça fait du bien au peuple.* » Il n'a donc pas cru, comme le prétendent certains auteurs, que le curé d'Ars lui parlait de ses mensonges ordinaires et non relatifs à l'apparition.

avait affirmé *qu'il n'avait pas vu la sainte Vierge, qu'il n'avait rien vu.* Et cette déclaration nette et catégorique l'a mis dans une grande perplexité.

Il en sortit huit ans après, vers juin 1858 : « Maintenant, disait-il (Monnin, II, 290), il ne me serait pas possible de ne pas croire à la Salette. J'ai demandé des signes pour croire, je les ai obtenus. On peut et on doit croire à la Salette [1]. »

En résumé, soit énervement causé par les dures paroles de l'abbé Raymond, soit désir de connaître si le curé d'Ars devinait vraiment les pensées secrètes d'autrui, soit tout autre motif, d'une manière très nette Maximin dit à M. Vianney qu'il n'avait rien vu aux Baisses. C'est la seule négation que l'on puisse relever dans toute sa vie : elle n'empêcha point le curé d'Ars, à partir de 1858, de croire à la Salette.

Le voyage d'Ars avait été inutile ; les trois conducteurs de Maximin ramènent l'enfant à Lyon et les incidents romanesques continuent : on produit le berger devant un baron de Richemont, qui se fait passer pour Louis XVII ; à l'hôtel du Parc, en dînant, on le tire au sort pour savoir qui le gardera ; l'abbé Bez, chanoine de Saint-Dié, lequel avait vu Maximin à Corps et avait publié un récit de son pèlerinage, pénètre à ce moment dans la salle et se charge de l'enfant. En effet il le place à Ecully, près de Lyon, dans la pension de l'abbé Collard, sous le nom de Maximin Bez. Trois semaines après, le fugitif, réclamé par Mgr de Bruillard, revient à Grenoble et, en octobre, entre en sixième au petit

1. Un spécimen des « lacunes » de l'abbé Déléon : dans son *Dernier mot*, 1872, pp. 110-111, il cite le chapitre de l'abbé Monnin, la page 278 et les textes favorables à sa thèse, mais il ne dit mot de la croyance finale du curé d'Ars. Selon le mot de M. Vianney, « ce n'est pas comme ça qu'on défend la vérité ».

séminaire du Rondeau (1850-1851); le 2 novembre il écrivait l'attestation suivante (Bez, *M. Vianney*..., p. 27), contraire, sur deux points très importants (la confession, la question relative à l'apparition) aux déclarations du curé d'Ars :

Je soussigné, Maximin Giraud, *pour rendre hommage à la vérité et pour la plus grande gloire de Dieu, en l'honneur de la sainte Vierge, atteste les faits suivants :*

1° Que je ne me suis pas confessé à M. le curé d'Ars ;

2° Que ni à la sacristie ni derrière l'autel de l'église d'Ars M. le curé ne m'a questionné ni sur l'apparition ni sur mon secret ; qu'il ne m'a dit que deux choses : que je devais retourner dans mon diocèse et qu'après une pareille faveur[1] je devais être bien sage, etc.

Petit séminaire de Grenoble, le 2 novembre 1850.

MAXIMIN GIRAUD.

Au milieu de novembre la lettre du vicaire d'Ars, adressée à Mgr de Bonald et communiquée par l'archevêque à ses familiers et par eux à d'autres personnes commence à agiter l'opinion. A la suite de ces bruits Mgr de Bruillard réunit à l'évêché une commission composée de prêtres et de laïques : Maximin comparaît, on le harcelle de questions captieuses ; il soutient énergiquement qu'il ne s'est pas démenti et ajoute que, le curé d'Ars parlant d'une manière peu distincte, il lui a peut-être fait une réponse équivoque. L'abbé Gérin procède de même avec Mélanie à Corenc : « Eh bien! lui dit-il, voilà quatre ans que vous nous trompez : Maximin vient d'avouer au curé d'Ars que vous n'aviez rien vu sur la montagne. — Oh! le malheureux! s'écrie Mélanie. Pour moi, je dirai toujours que nous avons vu quelque chose, qui nous a parlé et a disparu dans un globe

1. Parole bien étrange de la part de M. Vianney, puisque, le 5 décembre, il écrit à Mgr de Bruillard que, depuis l'aveu de Maximin, il ne croit plus à la Salette (v. p. 68).

vos bontés à Ars; d'autre part je crois être la personne qui a le plus l'intimité des deux enfants de la Salette depuis l'événement. C'est moi qui ai eu le bonheur, il y a deux mois, de ramener Maximin à l'obéissance qu'il devait à son évêque, et à vous-même, monsieur le curé. C'est moi qui lui tiens lieu de père au petit séminaire, comme à Mélanie au couvent de Corenc.

C'est à ce titre et parce que j'ai entrevu la peine que causa à mon vénéré pasteur votre demi-réponse que j'ose m'adresser à vous à cœur ouvert.

A l'occasion de l'entretien malheureux (laissez-moi vous le dire, monsieur le curé) que Maximin a eu avec vous j'ai mis et vu mettre cet enfant à toutes les épreuves imaginables, et c'est précisément pourquoi je me suis pressé de vous écrire que très certainement vous ne l'aviez pas compris. Maximin a bien pu dire à M. votre vicaire, comme pour afficher un air d'incrédulité au fait de la Salette, qu'il n'avait rien vu. Nombre de fois, en effet, l'enfant a répondu ainsi aux esprits forts qui lui disaient dédaigneusement : Tu n'as rien vu. Mais vous devez vous défier, monsieur le curé, des rapports qui pourraient avoir une telle origine.

Quant à ce que vous écrivez vous-même à Monseigneur de Grenoble, monsieur le curé, que Maximin vous aurait dit n'avoir pas vu la sainte Vierge, vous daignerez considérer 1° que l'enfant proteste que vous l'avez mal entendu et demande instamment d'être un jour à portée de vous en convaincre de vive voix, comme il a de son mieux tâché de le faire par écrit et à la date du 21 novembre; 2° que ni lui ni Mélanie n'ont jamais dit avoir vu la sainte Vierge, par la raison bien simple que, lors de l'apparition, ces deux enfants étaient tellement ignorants qu'ils ne savaient réellement pas ce que c'était que la sainte Vierge et qu'ils comprirent tout de travers ou pas du tout la plupart des choses qu'ils avaient vues et entendues. Ce fut la maîtresse de Mélanie, la première, qui, entendant le premier récit du fait, s'écria que c'était la sainte Vierge, comme l'ont fait ensuite des milliers et des milliers de pèlerins. Mais jamais, je le répète, les enfants, interrogés et remplissant leur mission, n'ont dit que c'était la sainte Vierge qu'ils avaient vue, ou fait autre chose que de rapporter invariablement de même, l'un comme l'autre, pris ensemble ou séparément, nonobstant tous les pièges qu'on leur tendait, toutes les particularités du fait. C'était aux peuples en mouvement vers la Salette à reconnaître la sainte Vierge dans le récit des enfants et à profiter de ses avertissements et de ses menaces, et ce n'est pas à moi de vous faire observer, monsieur le curé, que cette circonstance même a des exemples dans le saint Evangile.

L'incontestable certitude de cette explication paraît plus manifeste à mesure que l'on torture davantage ces pauvres enfants. Pour que vous puissiez vous en convaincre par vous-même, je vous offre, monsieur le curé, de vous conduire au plus tôt Maximin, qui le souhaite ardemment; vous n'avez qu'à m'en témoigner le désir par un mot de réponse; je suis à vos ordres. Vous ne pouvez, monsieur le curé, vous, quatre années durant, le grand apôtre de Notre-Dame de la Salette, ainsi que vous le dites à Mgr de Grenoble, vous ne pouvez, sur un mot mal entendu, changer tout à coup de camp, ni même vous en tenir à un doute tirant à lui seul à si grave conséquence, après vos professions de foi précédentes.

Oh! que le démon est habile! Des évêques ne croyaient pas à l'apparition de la Salette, et ne s'en cachaient guère, et pourtant l'élan des âmes simples n'en était pas ralenti; mais il y avait non loin du lieu béni un nouveau Jean-Baptiste, et voilà l'instrument qu'a bien voulu se choisir l'esprit de perdition pour arrêter le cours des divines miséricordes, et empêcher, s'il était possible, l'érection d'un sanctuaire sur la sainte Montagne au moment même où les dernières difficultés étaient enfin levées.

C'en est assez; vous m'avez compris et pardonné, monsieur le curé, j'ose l'espérer et me dire, avec un profond respect et une vive reconnaissance, votre très humble et très obéissant serviteur.

Le curé d'Ars ne répondit pas : il n'acceptait donc point l'offre que M. Dausse lui faisait de lui conduire Maximin. De son côté l'abbé Bez avait écrit de Lyon à l'abbé Rousselot, le 3 décembre 1850, cette lettre fiévreuse :

Monsieur le vicaire général,

Qu'est-ce que j'entends dire de tous côtés? Est-il vrai que Maximin a déclaré à M. le curé d'Ars que le fait de la

Salette est une fable, un mensonge imposé au public, à l'univers entier ? Je ne peux le croire et je ne le crois pas. On se plaît ici à me jeter ce désaveu à la figure; il semble un triomphe pour l'impiété; mais, quoi qu'on dise, je ne crois nullement à ce triomphe et je reste toujours convaincu de la vérité du prodige. Mais le curé d'Ars, dit-on, prétend que l'enfant lui a avoué son mensonge. Maximin ne l'a vu qu'au confessionnal. Si Maximin a avoué là une faute si épouvantable et compromettant les intérêts les plus graves de la religion, le curé d'Ars a dû demander à l'enfant la permission d'en écrire promptement à Mgr l'évêque de Grenoble, et imposer au coupable le devoir strict, impérieux, d'informer le public de son mensonge. Mgr de Grenoble a-t-il été averti ? De quelle manière ? Quand ? Dans quelles circonstances ? Maximin ne m'en aurait-il pas parlé lorsque la Providence l'a jeté entre mes bras ? N'en aurait-il rien dit à ceux qui se disaient ses amis et ses protecteurs ? Aurait-il conservé ce calme, cette tranquillité, cette présence d'esprit dont il ne s'est jamais départi ? N'aurait-il pas montré, en quelque endroit, qu'il n'était plus dans le cas de soutenir son imposture, le temps de la duperie étant passé ?

Mais l'enfant ne maintient-il pas encore son premier dire ? Faiblit-il dans sa croyance ? Hésite-t-il ? N'a-t-il plus la même fermeté ? Je suis si fort convaincu de la réalité de la Salette que je pourrais la soutenir malgré la dénégation de Maximin; il faudrait encore celle de Mélanie; il faudrait renoncer à tous les témoignages qui environnent et accompagnent le fait principal; non, Maximin n'a pu dire qu'il avait voulu tromper.

Je veux bien croire le curé d'Ars un saint homme, mais il a pu mal entendre les aveux de Maximin ; il est important de confronter l'un avec l'autre en présence d'hommes graves et prudents ; surtout il ne faut pas laisser s'accréditer un malentendu si malheureux. Ce prodige de mensonge serait presque aussi merveilleux que le miracle de l'apparition, contre lequel rugit l'enfer.

Le 7 décembre, l'abbé Rousselot — qui, dans sa *Défense de l'événement de la Salette*, écrite à propos de son voyage à Ars, ne dit pas un mot de ce voyage — répondait à l'abbé Bez (Bez, *M. Vianney*..., p. 4) :

Consolez-vous, monsieur le chanoine, Maximin n'a dit à monsieur le curé d'Ars que ce qu'il dit et répète depuis quatre ans, ce que dit et répète Mélanie, que ce que vous et moi avons écrit d'après nos longs et minutieux interrogatoires, savoir qu'il a vu quelque chose, c'est-à-dire une belle Dame qui lui a parlé et qui a ensuite disparu.

Par ces mots « quelque chose » il entend tout ce que contient votre récit et le mien ; mais quand on lui demande s'il a vu la sainte Vierge, il répond que non. Et pourquoi ? Parce qu'il n'a su et compris que c'était la sainte Vierge qu'après avoir entendu dire à tout le monde que cette belle Dame n'était et ne pouvait être que la Mère de Dieu ; qu'après avoir vu le concours des innombrables pèlerins qui venaient vénérer la Mère de Dieu sur la Montagne ; qu'après avoir entendu parler des nombreux miracles qui s'opéraient par l'eau de la Salette et par les prières en l'honneur de Notre-Dame de la Salette.

M. le curé d'Ars n'a fait que cette question à Maximin, et, d'après la réponse de celui-ci, il en a conclu de suite que l'enfant mentait depuis quatre ans, que le fait était faux. Il s'est empressé d'en donner avis à Mgr de Grenoble. Cette conduite de M. le curé d'Ars me paraît un peu précipitée. Après avoir cru au fait sans l'étudier, il a cessé d'y croire sur un fondement tout à fait ruineux.

Le curé d'Ars n'ayant pas répondu à M. Dausse, Mgr de Bruillard envoya lui-même, le 7 janvier 1851, une longue lettre à Mgr Devie, évêque de Belley, pour le prier d'intervenir[1] :

Monseigneur,

Vers la fin d'octobre, M. Gérin, curé de ma cathédrale, arrivant d'Ars, me dit qu'il était chargé de la part du bon curé d'Ars de m'informer que le fait de la Salette est faux et qu'il a reconnu cette fausseté par les aveux mêmes de Maximin. Cette manière de m'avertir me parut au moins étrange. Cependant je fis interroger le petit, qui a toujours persisté, et de vive voix et par écrit, à soutenir le fait de l'apparition, ajoutant *qu'il ne s'était pas confessé au curé d'Ars*, qu'il a

1. Je souligne les passages qui sont en contradiction avec les affirmations de M. Vianney.

voulu le faire, mais que le curé l'a constamment renvoyé à son évêque et dans son diocèse, *sans vouloir entendre sa confession*. Il dit seulement qu'en sortant de la sacristie le curé lui a demandé en passant : « As-tu vu la sainte Vierge ? » Maximin a répondu : « Non, Monsieur » ; et, sans autre explication, le curé s'est trouvé mêlé à la foule qui l'attendait. L'explication de ce *non* nous a été donnée par Maximin : « Je n'ai jamais dit que j'ai vu la sainte Vierge ; il n'est pas question de la sainte Vierge dans mon récit ; mais j'ai raconté ce que j'avais vu et entendu, et tout le monde a compris que c'était la sainte Vierge qui m'avait apparu et parlé. » Mélanie, interrogée séparément et à l'insu de Maximin, ne varie point et n'a jamais varié. Maximin, d'ailleurs, avoue que, d'autres fois, poussé à bout par des interrogateurs importuns et incrédules, il se tire d'affaire par une de ces phrases : « Eh bien ! mettez que je n'en ai rien vu ! Eh bien ! non, je n'ai rien vu, comme vous voudrez ! » etc., etc.

Or comment se fait-il que le vénérable curé d'Ars ait, en quelques minutes, mieux jugé, mieux connu, mieux apprécié l'enfant que nous tous, qui le suivons depuis plus de quatre ans ? Etonné de ce que lui faisait dire M. le curé d'Ars, je pris le parti de lui envoyer M. l'abbé Rousselot et le curé de Corps, en le priant de vouloir bien s'expliquer avec mes deux commissaires. D'ailleurs ceux-ci étaient munis d'une autorisation écrite par laquelle Maximin permettait au curé d'Ars de parler d'après sa prétendue confession, autorisation que l'enfant a donnée sans se faire prier, sans la moindre difficulté.

Mes deux envoyés virent M. le curé d'Ars, qui ne voulut leur parler qu'après avoir lu l'autorisation écrite de Maximin. Mes envoyés voulurent raisonner un peu sur tout cela, mais le curé leur dit qu'il n'en avait pas le temps. Là-dessus il commença de s'habiller pour dire la sainte messe.

Je prie Votre Grandeur de remarquer qu'il y a quelque chose d'inexplicable dans cette réponse de M. Vianney, puisque, selon lui, l'enfant aurait donné d'abord, et puis retiré la permission de consulter Votre Grandeur. Comment M. Vianney a-t-il pu, sur une permission retirée, me faire dire par M. Gérin qu'il savait par les aveux de l'enfant que le fait de la Salette est faux ? Comment Maximin donne-t-il spontanément à mes envoyés une permission semblable à celle qu'il aurait refusée au curé d'Ars? Or, à leur tour, mes envoyés et d'autres personnes ont fait parler de nouveau Maximin. *Il nie s'être confessé.* Il nie avoir dit autre chose que ce que j'ai rapporté plus haut. Il nie avoir eu à donner et ensuite à retirer la permission demandée par le curé d'Ars d'écrire à Votre Grandeur et de la consulter. Il ajoute *cette vérité*, qu'il n'avait pu ni bien comprendre M. le curé, *ni bien se faire entendre de lui.* Ce dernier point est confirmé par les pèlerins d'Ars, qui disent qu'on n'entend plus le curé en chaire et qu'on a de la peine à l'entendre au confessionnal. Mes deux envoyés sont revenus d'Ars avec une jeune dame qui leur a assuré en avoir fait l'expérience et n'avoir pas entendu un mot de ce que lui disait le curé la première fois qu'elle s'est confessée à lui.

Maximin, pressé de toutes manières, a fait les réponses que Votre Grandeur verra dans la pièce signée Auvergne, secrétaire de l'évêché. De plus il s'est offert de lui-même pour être confronté avec le curé d'Ars en présence de témoins. Enfin il a dit que, plutôt que de se rétracter de ce qu'il raconte depuis quatre ans, il aimerait mieux être chassé du séminaire et retourner à la garde de ses vaches ; ce qu'il a dit, il le dira tant qu'il aura une goutte de sang au bout de l'ongle. Au reste, Monseigneur, les dires actuels de M. le curé d'Ars n'ont point ébranlé les personnes qui ont étudié le fait, mais ils font beaucoup auprès, soit des incrédules du siècle, soit de ceux qui se sont prononcés contre lui systématiquement et sans examen suffisant.

Veuillez remarquer, Monseigneur, que c'est après quatre ans et quatre mois que le curé d'Ars remet tout en question, que son incrédulité arrive au moment où des obstacles presque insurmontables à la construction d'une chapelle sur la montagne viennent d'être aplanis, au moment où des milliers de grâces s'obtiennent, où des miracles ont lieu. A ce moment, dis-je, le curé d'Ars publie à haute voix que le fait est faux. A moins d'une révélation expresse et bien prouvée, M. le curé d'Ars peut-il opposer son sentiment à celui d'évêques et de plusieurs milliers de personnes qui ont vu, interrogé, scruté les enfants, qui ont écrit sur le fait en France et à l'étranger ? Que Votre Grandeur parcoure le deuxième volume de l'abbé Rousselot, et elle y verra si le fait n'a pas l'assentiment d'une infinité de personnes recommandables sous le rapport de la science, de la piété, de la prudence et du rang élevé qu'elles occupent dans l'Église.

Au reste, Monseigneur, j'ai de fortes raisons pour croire que M. le vicaire d'Ars, incrédule *ab initio* et qui a allégué devant le petit Maximin lui-même, comme un grand motif de son incrédulité, qu'il avait surpris le curé de Corps faisant gras un vendredi (ce qui est de toute fausseté), fait parler son curé beaucoup plus que celui-ci ne parle lui-même. Dans tous les cas vous verrez, Monseigneur, ce qu'il convient d'arrêter ou de modérer dans le langage de M. le curé d'Ars et de son vicaire. Vous verrez aussi, par la lecture des pièces ci-jointes [1], la réponse que le curé d'Ars a faite à une lettre que je lui ai écrite pour le prier de me faire connaître le motif de son incrédulité. Ci-jointe aussi est la copie d'une lettre que M. Dausse, ingénieur non moins distingué par sa piété que par ses lumières, a écrite à M. le curé d'Ars et qui jusqu'ici est restée sans réponse. Enfin les déclarations de Mélanie et d'Angélique, sœur de Maximin, sont d'un grand poids, puisqu'elles sont faites par deux jeunes personnes d'un âge mûr, et l'une et l'autre pleinement en voie de se consacrer à Dieu dans la vie religieuse.

Veuillez m'honorer d'une réponse et me faire part de votre sentiment actuel sur un fait devenu l'objet d'une attaque si vigoureuse dans votre diocèse, de la part d'un de vos plus saints curés.

Mgr Devie avait en ce moment près de lui Mgr Chatrousse, évêque de Valence, et Mgr Guibert, évêque de Viviers, depuis cardinal-archevêque de Paris, invités au sacre de Mgr Chalandon, que Mgr Devie avait demandé pour coadjuteur. L'évêque de Belley profita de leur présence pour examiner la question que lui soumettait Mgr de Bruillard. Voici la réponse : elle ne renferme pas un mot de blâme à l'égard du « bon curé d'Ars » ou de l'abbé Raymond ; l'abbé Bertrand va donc trop loin quand il dit (*la Salette*, p. 279) : « Cette lettre tranchait d'une manière indiscutable la question soulevée par la soi-disant rétractation de Maximin. »

1. C'étaient les divers interrogatoires que subirent Maximin, à son retour de Lyon, et Mélanie, ainsi que la lettre de M. Vianney du 5 décembre.

Belley, le 15 janvier 1851.

Monseigneur,

Avant de répondre à la lettre que vous m'avez fait l'honneur de m'adresser, j'ai voulu prendre des renseignements sur ce qui s'était passé à Ars. J'ai vu assez longuement M. Raymond, qui fait fonction de vicaire, et qui a interrogé le jeune homme de la Salette. Mgr de Valence et Mgr de Viviers étant auprès de moi à l'occasion du sacre de Mgr Chalandon, je leur ai communiqué les pièces que vous m'avez envoyées, et voici le résultat de nos réflexions.

1º Nous regardons toujours comme assuré que ces enfants ne se sont pas entendus pour tromper le public, et qu'ils ont vu réellement un personnage qui leur a parlé. Est-ce la sainte Vierge? Tout porte à le croire. Mais tout cela ne peut être constaté que par des miracles différents de l'apparition.

2º Ceux qui sont allégués dans les écrits de M. Rousselot ont-ils un caractère suffisant, considérés en eux-mêmes et dans leurs rapports avec l'apparition? C'est à vous, Monseigneur, d'examiner et de prononcer. Il me semble que quelques-uns ont été admis un peu précipitamment, ce qui fait un peu tort aux autres. Il faudrait donc s'assurer sévèrement de la vérité de ceux qui paraissent plus authentiques. Je n'ai pas lu la seconde brochure de M. Rousselot, quoique j'aie lieu de croire qu'il me l'a envoyée; mais je ne sais où la prendre en ce moment.

3º Est-il à propos de construire une chapelle comme vous en avez le projet? Vous n'avez pas traité cette question d'une manière directe; si le pèlerinage se soutient, si on a la preuve que de nouvelles grâces spirituelles et temporelles sont accordées par l'intercession de la sainte Vierge, si on offre des fonds pour cette construction, c'est le cas de dire comme le bon curé d'Ars: « La providence lève les obstacles que les hommes apportent à ses desseins. » A votre place je ferais et ferais faire beaucoup de prières, et, sans décider positivement que l'apparition est surnaturelle, je me féliciterais de trouver une occasion d'élever un nouveau sanctuaire à Marie, qui, dans tous les cas, mérite notre confiance et notre reconnaissance.

Voilà, Monseigneur, avec simplicité, ce que je crois devoir répondre à la marque de confiance que vous avez bien voulu me donner.

L'évêque de Belley ne parle pas de confrontation entre M. Vianney et Maximin. Pourquoi celle-ci n'eut-elle pas lieu? D'après l'abbé Rousselot (*Un nouveau sanctuaire*, p. 144), Mgr de Bruillard « a toujours voulu cette confrontation, Maximin s'y est toujours offert spontanément; c'est Mgr Devie, évêque du curé d'Ars, qui ne l'a point jugée nécessaire, qui l'a jugée inopportune, qui a sagement fait de la refuser. » Mgr Ginoulhiac (mandement du 4 novembre 1854, p. 13) semble insinuer le même fait : « Il (M. Dausse) ne reçoit pas de réponse, dit-il. Mgr de Bruillard, qui en est informé, signale à Mgr de Belley et la démarche faite auprès du curé d'Ars et le silence qu'il garde. Mgr Devie répond à tout, sauf à la demande de confrontation. On insiste encore du côté de Grenoble. Le vénérable évêque persiste à garder le silence sur ce sujet. Pour expliquer la conduite du curé d'Ars, il ne trouve rien de plus à dire, sinon que l'enfant s'est conduit à Ars d'une manière équivoque et embarrassante, et que M. le curé a dit, comme nous le disons tous, que c'est à l'évêque du lieu à examiner l'affaire et à prononcer (lettres des 15 et 28 février 1851). Mgr Devie n'est jamais allé au delà... Il est vrai que, plusieurs mois après la publication du mandement[1], un curé du diocèse, qui ignorait que la confrontation avait été demandée, s'offrit à faciliter cette demande et qu'il reçut cette réponse : Je ne puis ni ne veux me déjuger. Mais quel est l'évêque qui, en semblable rencontre, n'eût pas répondu dans le même sens? »

Mgr Devie ne consentit pas à une confrontation parce que le curé d'Ars lui avait raconté, par la bouche de l'abbé Raymond et par écrit, ce qui s'était passé entre lui et Maximin.

1. Du 19 septembre 1851. Le curé est l'abbé Gillos, curé à Vienne.

La brochure du chanoine Bez : *M. Vianney, curé d'Ars, et Maximin Giraud, berger de la Salette, ou la vérité récupérant ses droits*, parue en janvier 1851, n'était pas de nature à ramener le calme dans les esprits. Mgr Chatrousse et Mgr Guibert, évêques de Valence et de Viviers, mis personnellement en cause par l'auteur, lui[1] adressèrent, de Valence, le 8 février, cette lettre, qu'ils envoyèrent également à *l'Univers* (12 février) :

Monsieur l'abbé,

Nous sommes bien étonnés que, sans notre aveu, vous ayez invoqué notre autorité en faveur du fait de la Salette dans une brochure que vous venez de publier à ce sujet.

Vous avez d'ailleurs rendu d'une manière inexacte ce qui s'est passé à Belley ; il n'y a eu entre les évêques que de simples conversations dans lesquelles on n'a nullement discuté le fait de l'apparition ; il a été seulement question de l'incident survenu à Ars, *lequel n'a pas paru avoir l'importance qu'on lui donnait*. Cependant le lecteur pourra conclure de votre récit que notre autorité est acquise au fait de la Salette ; cette conclusion serait inexacte et très fâcheuse. Nous n'avons point à émettre, et nous n'avons point émis de jugement ni exprimé d'approbation sur ce fait. Nous respectons la croyance que tant de personnes lui accordent, et nous attendons la décision qui sera donnée par notre digne et vénérable collègue de Grenoble, seul compétent pour prononcer.

Si cette controverse doit continuer, veuillez bien, Monsieur l'abbé, ne nous faire intervenir en aucune façon dans l'appréciation du fait dont il s'agit : votre prudence aurait dû comprendre tout ce qu'il y avait d'intempestif et de dangereux à jeter nos noms au milieu de ce débat sans notre consentement.

Mgr de Bruillard ne crut pas devoir suivre le conseil que lui donnait Mgr Devie le 15 janvier : dans son mandement doctrinal publié huit mois après cette lettre

1. Elle est donc bien dirigée contre l'abbé Bez, et non, comme le prétend l'abbé Bertrand (p. 279), « contre quelques journaux ».

(19 septembre 1851) il « décida positivement que l'apparition était surnaturelle ». Mais auparavant d'autres événements étaient survenus du côté de Lyon, à propos des secrets.

III

LES DEUX SECRETS

Juillet 1851

RÉSUMÉ. — 1° De 1846 à 1851, malgré des obsessions multiples, Mélanie et Maximin ne livrent rien de leur secret respectif. — 2° Le 4 juillet 1851 ils l'écrivent et la cachètent devant témoins et on l'envoie à Pie IX; il y a controverse sur l'accueil que le pape fit à ces secrets. — 3° Celui de Maximin n'a pas été publié : en 1860, 1869, 1871 Mélanie publie le sien en tout ou en partie; le texte de 1878, reconnu cependant par elle comme authentique et complet, doit être rejeté.

I. — **Mutisme des enfants.**

Jusqu'en 1851 les deux bergers ne communiquèrent rien du secret qui avait été confié à chacun d'eux, et cela malgré les tentations et les épreuves de toutes sortes qu'ils subirent.

L'une des plus caractéristiques a été racontée par l'abbé Dupanloup, supérieur du petit séminaire de Paris, qui fit le pèlerinage de la Salette en septembre 1847 et qui, 21 mois après l'apparition (11 juin 1848), écrivit de Gap à un ami une longue lettre publiée, l'année suivante, dans *l'Ami de la religion* (7 avril 1849) [1]. « Ils sont deux, disait-il, ayant chacun un secret, et cela depuis bientôt deux ans ; ayant chacun le leur, jamais l'un ne s'est vanté de savoir celui de l'autre. Leurs parents, leurs maîtres, leurs curés, leurs camarades, des milliers de

1. Delbreil la cite *in extenso* (pp. 40-65).

pèlerins les ont interrogés sur ce secret, leur en ont demandé une révélation quelconque; on a fait à cet égard des efforts inouïs : ni l'amitié, ni l'intérêt, ni les promesses, ni les menaces, ni l'autorité civile, ni l'autorité ecclésiastique, rien n'a pu les entamer à cet égard à un degré quelconque; et aujourd'hui encore, après deux années de tentations constantes, on n'en sait rien, absolument rien. Moi-même j'ai fait les plus grands efforts pour pénétrer ce secret. Quelques circonstances singulières m'ont aidé à pousser mes efforts plus loin que d'autres; même j'ai cru un moment réussir. » L'abbé Dupanloup raconte alors trois circonstances : il intrigua d'abord au plus haut point Maximin par le cadenas à secret de son sac de voyage et offrit à l'enfant de lui faire connaître ce secret en échange de celui de la dame : le petit resta incorruptible; il lui fit de magnifiques propositions pour son père et pour lui : Maximin répondit qu'il ne pouvait pas; enfin, l'enfant s'amusant avec des rouleaux d'or qu'il avait tirés du sac de voyage, l'abbé les lui offrit à condition qu'il connaîtrait une partie du secret : le gamin répondit encore une fois, d'un ton simple et ferme : « Je ne puis pas. » De guerre lasse, son tentateur lui dit avec mépris et ironie : « Mais peut-être que vous ne voulez pas me dire votre secret parce que vous n'en avez pas; c'est une plaisanterie. — Oh! si, j'en ai un, répartit Maximin sans paraître offensé, mais je ne puis pas le dire. — Qui vous l'a défendu? — La sainte Vierge. »

II. — Communication à Pie IX.

Au commencement de 1851 le cardinal de Bonald, archevêque de Lyon, déjà prévenu contre le fait de la Salette par la lettre de l'abbé Raymond, reçut le cardinal Gousset qui allait à Rome. Il le pria de parler à

Pie IX de l'apparition; le pape le délégua pour étudier le fait. Le 21 mars, en réponse à des plaintes de M. Rousselot, Mgr de Bonald écrivit à ce dernier un billet très sec :

Je ne me suis pas occupé des affaires de la Salette, monsieur l'abbé, autrement que pour adresser à Mgr l'évêque de Grenoble de respectueuses représentations, que vous avez connues. Aujourd'hui je dois m'en occuper comme conseiller du pape et je viens vous prier de me dire si Marcellin et sa sœur me confieront leurs fameux secrets pour les transmettre à Sa Sainteté.

Le cardinal, on le voit, n'avait point étudié le fait de très près; autrement il n'aurait pas dit : Marcellin et sa sœur.

Mis au courant de ce désir, Mgr de Bruillard chargea le chanoine Auvergne, secrétaire général de l'évêché, de voir Mélanie et Maximin et de leur demander s'ils consentaient à communiquer leurs secrets au pape. Au Rondeau Maximin accepta; le même jour (dimanche 23 mars), à Corenc Mélanie refusa; le 26, l'abbé Rousselot obtint de la religieuse qu'elle transmettrait son secret au Souverain Pontife, mais seulement si Pie IX l'exigeait et directement ou par l'intermédiaire soit de Mgr de Bruillard, soit du chanoine Rousselot, à l'exclusion de toute autre personne, dans la crainte que sa lettre ne fût décachetée (Rousselot, *Un nouveau sanctuaire*, p. 57); le lendemain 27, le même envoyé faisait renouveler à Maximin son acceptation; on dressa un procès-verbal des quatre entrevues et l'évêque de Grenoble en envoya une copie authentique à Mgr de Bonald. Le cardinal ne répondit pas et expliqua plus tard son silence dans sa lettre du 20 juin (v. p. 85).

Auparavant, le 4 juin, étonné et ennuyé de cette attitude, Mgr de Bruillard avait écrit au pape la lettre suivante :

Très Saint Père,

Vers la fin de janvier de cette année, M. l'abbé Rousselot, chanoine de ma cathédrale, professeur de mon séminaire et vicaire général honoraire, a eu l'honneur de déposer aux pieds de Votre Sainteté les deux volumes qu'avec mon approbation il a publiés sur le fait important de la Salette. Ces deux volumes contiennent l'origine, les preuves et les conséquences de l'événement, ainsi que l'examen que j'en avais fait faire dans une commission nombreuse et choisie que je présidais en personne.

Non seulement ces deux écrits n'ont essuyé aucune critique sérieuse, mais ils ont paru convaincants et décisifs à un grand nombre de prélats, de personnes instruites, tant laïques qu'ecclésiastiques. Pendant ces quatre ans les deux bergers, laissés sur les lieux, ont été interrogés, examinés, scrutés par des milliers d'étrangers, et tous, ou presque tous, sont restés convaincus de la réalité du fait. Pendant ces quatre ans la montagne a été continuellement visitée par des milliers de pèlerins; l'eau, réputée merveilleuse, a été demandée de toutes les parties du monde; une infinité de neuvaines ont été adressées à Notre-Dame de la Salette et suivies de guérisons ou de conversions plus ou moins extraordinaires. M. Rousselot s'est borné, dans ces deux volumes, à raconter les plus étonnantes et les moins contestées. Aussi son ouvrage n'a-t-il soulevé aucune réclamation dans les lieux où les faits qu'il raconte ont été accomplis. Il en a passé sous silence une infinité d'autres qui n'étaient pas cependant dénuées de fortes preuves.

Voilà, Très Saint Père, comment les choses se sont passées pendant les premières années et jusqu'au quatrième anniversaire de l'apparition. Cependant il devenait urgent de penser à l'avenir des deux enfants privilégiés du ciel. Pendant quatre ans ils avaient rempli leur mission. Plusieurs diocèses étrangers, plusieurs personnes honorables voulaient me les enlever en se chargeant de leur éducation. Au dehors comme au dedans on trouvait étrange que je ne m'occupasse pas plus particulièrement de leur sort, quoique je ne les eusse certes pas abandonnés et laissés sans secours. Sans cesse mêlés à la foule des pèlerins, sans cesse détournés de l'étude, ils ne pouvaient faire aucun progrès; ils étaient même en danger de se perdre. Au moment où je songeais à les placer convenablement, il s'est trouvé des étrangers qui ont eu la hardiesse de les enlever du lieu natal et, peu après, de la ville épiscopale. La jeune fille, plus âgée et d'un caractère plus ferme, s'étant refusée à les suivre jusqu'à Lyon, a été mise par mes soins dans une communauté religieuse près de la ville, et là elle se conduit comme un ange en attendant le moment où elle pourra se consacrer à Dieu et travailler au salut des âmes dans les pays infidèles. Le petit garçon, plus jeune et plus léger, ayant perdu ses parents depuis l'événement, s'est laissé entraîner jusqu'à Lyon où je l'ai fait prendre pour le placer dans mon petit séminaire.

Les choses en étaient là lorsque, le 21 mars dernier, Son Eminence le cardinal archevêque de Lyon écrivit à M. Rousselot la lettre suivante : « Archevêché de Lyon, le 21 mars 1851. Confidentielle. Je ne me suis pas occupé des affaires de la Salette, monsieur l'abbé, autrement que pour adresser à Mgr l'évêque de Grenoble de respectueuses représentations, que vous avez connues. Aujourd'hui je dois m'en occuper commer conseiller du pape et je viens vous prier de me dire si *Marcellin et sa sœur* (sic) me confieront leurs fameux secrets pour les transmettre à Sa Sainteté. Agréez, etc. »

Cette lettre ne fut pas longtemps confidentielle; un prêtre de Lyon m'avertit que Son Eminence avait écrit en ces termes à M. l'abbé Rousselot. Le même en prévint un chanoine ainsi que le curé de la cathédrale. Aussi est-ce en mon nom et celui de mon chapitre que M. Rousselot, au bout de huit jours, répondait à Son Eminence et lui envoyait copie du double interrogatoire subi par les enfants au sujet de leurs secrets, avec prière de transmettre le tout à Votre Sainteté.

Dans sa lettre du 21 mars Son Eminence se trompe sur le nom du jeune berger, qui s'appelle Maximin, et non Marcellin ; Elle se trompe aussi en faisant Mélanie sœur de Maximin; d'où j'aurais le droit de conclure que la question de la Salette a été peu étudiée par le clergé de Lyon.

La lettre de Son Eminence suppose évidemment quelque désir manifesté par Votre Sainteté, et, comme je n'ai pu savoir si ce désir a été satisfait par l'envoi du procès-verbal de l'interrogatoire, je m'empresse, Très Saint Père, de réparer le retard ou l'omission qui aurait eu lieu, en envoyant directement à Votre Sainteté ces pièces importantes qui viennent à l'appui du fait principal et qui répondent à deux objections soulevées contre lui :

1° On a dit que le secret de ces enfants était purement imaginaire, n'était rien en lui-même, ou n'était qu'une affaire de convention entre eux pour tromper le public. Eh bien! ce secret, qu'ils ont soutenu avec tant d'énergie pendant quatre ans, regarde des choses tellement importantes qu'ils ne les dévoileront qu'au Souverain Pontife, et sur un commandement exprès de sa part.

2° On avait répandu le bruit que ces enfants ne voulaient pas dire leurs secrets, même à l'autorité ecclésiastique, à laquelle toute vision, toute apparition, toute révélation doit être soumise; il en résultait que l'apparition de la Salette n'était pas celle d'un personnage céleste. Eh bien ! aujourd'hui les enfants, éclairés sur l'obligation où ils sont de révéler leurs secrets, font disparaître l'induction fâcheuse que l'on prétendait tirer de leur silence obstiné, en se montrant disposés à obéir au commandement de Votre Sainteté.

En envoyant ces pièces je m'offre, Très Saint Père, à répondre à toutes les questions que Votre Sainteté aurait à m'adresser relativement aux secrets des enfants et tout ce qui concerne le fait lui-même, et j'implore pour moi, etc.

Mgr de Bruillard avait écrit depuis quinze jours au pape quand le cardinal de Bonald, sans doute prévenu par Rome, accusa réception du double procès-verbal :

Archevêché de Lyon, 20 juin 1851.

Monseigneur,

Je n'ai pu envoyer à Rome les papiers qui m'ont été transmis de votre part, à propos du fameux secret de la Salette; ce n'était que conversations entre les enfants et les prêtres qui avaient demandé leur secret. *Je suis chargé par Sa Sainteté d'envoyer le secret et pas autre chose, le secret purement et simplement*. Je vous prie, Monseigneur, de le faire demander à Maximin et à Mélanie; *qu'ils l'écrivent et qu'ils me l'envoient par l'évêché; il ne doit point être cacheté, c'est moi qui mettrai mon sceau et qui l'enverrai au Pape.* Je vous prie, Monseigneur, d'ordonner que les enfants écrivent leur secret en présence d'un ecclésiastique de votre confiance, afin que nous soyons sûrs qu'ils n'ont été influencés par personne.

Serez-vous à Grenoble pendant le mois de juillet, Monseigneur? Il est possible que j'aille vous faire une visite.

L'évêque de Grenoble se décida à envoyer les secrets directement à Rome [1].

Le 4 juillet[2] il fit venir à l'évêché Mélanie et Maximin ; en présence de deux vicaires généraux, du chanoine de Taxis et de M. Dausse, les jeunes gens, placés aux deux extrémités de la salle, écrivirent leur secret ; la copie de Maximin fut écrite si rapidement qu'elle parut à peine lisible et qu'on l'obligea à recommencer [3] ; sa relation était moins longue que celle de Mélanie ; la religieuse demanda le sens du mot *infailliblement* et l'orthographe d'*Antéchrist*. A la fin Mgr de Bruillard entra et leur recommanda de ne rien ajouter à ce qu'avait dit la dame : tous deux affirmèrent qu'ils n'avaient rien changé. Puis ils scellèrent leurs écrits en présence des témoins, qui en attestèrent l'authenticité sur les enveloppes ; l'évêque

1. L'abbé Bertrand (p. 294) dit : « Des nouvelles venues de Rome l'autorisèrent à envoyer directement au Souverain Pontife le secret des bergers. » Il est surprenant que, dans sa lettre du 5 juillet au pape, Mgr de Bruillard ne fasse pas la moindre allusion à cette autorisation.

2. Selon une lettre adressée, le 24 mai 1880, par Mgr Zola, évêque de Lecce (Italie) — qui, le premier, autorisa la publication du secret —, à l'abbé Roubaud, à Saint-Tropez (Var), et citée dans *le Secret complet de la Salette* du P. Parent (1903), p. 44, « ce ne fut que le 3 juillet 1851 que Mélanie écrivit elle-même son secret pour la première fois, au couvent de la Providence, à Corenc, par ordre de Mgr de Bruillard, évêque de Grenoble, et en présence de M. Dausse, ingénieur en chef des ponts et chaussées, et de M. Taxis, chanoine de la cathédrale de Grenoble. Mélanie remplit trois grandes pages d'un seul trait, sans rien dire, sans rien demander. Elle signe sans relire, plie son secret et le met dans une enveloppe. Elle met ainsi l'adresse : A Sa Sainteté Pie IX, à Rome. Le lendemain, 4 juillet, le secret est recopié par Mélanie elle-même à l'évêché de Grenoble dans le but de bien distinguer deux dates des événements qui ne doivent pas arriver à la même époque. Mélanie, n'ayant mis la première fois qu'une seule date, craignait que, pour ce motif, le Pape ne comprît pas bien et qu'il y eût par conséquent équivoque ».

3. Au livre de Girard : *les Secrets de la Salette et leur importance*, 1871, Maximin répondit, le 2 février 1872, par un imprimé de trois pages in-12 (Grenoble, Drevet, s. d.) ; on y lit : « En présence de Monseigneur, de M. le chanoine de Taxis et de M. Dausse, j'ai brûlé le brouillard de mon secret. »

y joignit ses lettres testimoniales et apposa sur le tout son sceau.

Le cardinal de Lyon avait annoncé à son suffragant son arrivée à Grenoble le 12 juillet (Rousselot, *Un nouveau sanctuaire*, p. 51); d'autre part les vacances du grand séminaire de Grenoble commençaient le lendemain de la fête de saint Vincent de Paul, patron du séminaire, (20 juillet). Néanmoins, le dimanche 6 juillet, au soir, le professeur de morale, M. Rousselot, et M. Gérin, curé de la cathédrale, partirent pour Rome, porteurs des secrets et d'une lettre de leur évêque datée du 5 juillet. Cette lettre contenait, entre autres, ces lignes : « Mes deux envoyés sont chargés de me rapporter ce qu'il plaira à Votre Sainteté de prononcer sur le fait de l'apparition de la sainte Vierge. En cas de réponse favorable, le Très Saint Père daignerait-il consentir à ce que l'évêque de Grenoble déclarât dans un mandement qu'il juge que cette apparition porte avec elle les caractères de la vérité et que les fidèles sont fondés à la croire véritable? » Le 12, Mgr de Bonald arrivait à Grenoble, puis s'en retournait à Lyon sans les secrets.

Quelle impression produisirent ces révélations mystérieuses sur Pie IX le jour où il reçut MM. Rousselot et Gérin, 18 juillet? Il y a deux versions.

« Sa Sainteté, raconte l'abbé Rousselot (*Un nouveau sanctuaire*, p. 52), dont le récit est confirmé par celui de l'abbé Gérin (Bertrand, *Documents*, p. 75), Sa Sainteté décacheta en notre présence les trois lettres, les lut, et commença par celle de Maximin ; elle dit : « Il y a ici la candeur et la simplicité d'un enfant... » Pour mieux lire les deux lettres Sa Sainteté se leva et s'approcha d'une fenêtre dont elle ouvrit le volet. Nous la suivîmes. Après la lecture de la lettre de Mélanie Sa Sainteté nous dit : «Il faut que je lise ces lettres à tête reposée». Pendant la lecture de cette dernière lettre une certaine émotion se manifesta sur le visage du Saint Père. Ses lèvres se contractèrent et ses joues se gonflèrent. Lecture faite, le Saint Père nous dit : Ce sont des fléaux dont la France est menacée; elle n'est pas seule coupable : l'Allemagne, l'Italie, toute l'Europe est coupable et mérite des châtiments. » A quelques jours de là Mgr Frattini, promoteur de la foi, affirma aux délégués que Mgr de Bruillard pouvait construire une chapelle au lieu de l'apparition et le cardinal Lambruschini, secrétaire d'Etat, leur dit que le pape lui avait communiqué les deux secrets.

D'après M. Déléon (*la Conscience...*, 1855, p. 143), l'accueil fait par le pape aux secrets fut plus que froid. L'abbé cite d'abord une lettre qu'il avait reçue de M. de Geslin, missionnaire apostolique, le 17 mars 1854 : « Le Saint Père, raconte le correspondant, m'a répété deux fois de suite que le prétendu secret des enfants n'en était pas un, que c'est un *mondo di stupidita;* qu'il l'avait traité avec le plus grand dédain ; qu'il n'avait pas dissimulé à MM. Rousselot et Gérin, porteurs dudit secret, sa manière de voir à cet égard ; qu'il n'avait rien dit de ce qu'on lui prêtait en cette circonstance, etc. Ce n'est pas à moi seul que Sa Sainteté a fait cette confidence, mais elle l'a répétée à plusieurs évêques français et prélats romains et étrangers. Il est très regrettable que le métropolitain n'ait pas cru devoir réclamer officiellement pour que l'on fît une contre-enquête; mais ce qu'il y a de certain, c'est que le Saint Siège ignore complètement le mal que tout cela fait et n'a jamais approuvé le miracle en question ». « Cette affaire de la Salette est déplorable, écrivait encore, un mois après, l'abbé de Geslin à M. Déléon ; le Pape croit, d'après ce que lui ont dit les deux prêtres porteurs du secret des enfants, que l'on a découvert sur la montagne de la Salette une image de la sainte Vierge qui décorait un antique sanctuaire détruit dans le temps de la Terreur. Il considère comme deux fanatiques les émissaires qui lui ont apporté les secrets ridicules qu'il a jetés aux rebuts [1], et il a daigné me répéter ces détails à diverses reprises. »

Au nombre des prélats français dont parlait M. de Geslin, l'abbé Déléon citait (p. 144) « M. de Ségur, auditeur de Rote, qui assistait à cette soirée, a entendu les paroles du pape, en a eu une nouvelle confirmation, quelques jours après, de la bouche du Souverain Pontife et les répétait à Paris, le 21 octobre 1854, en présence de vingt-cinq prêtres. » Mgr de Ségur, apprenant le rôle qu'on lui attribuait, écrivit de l'Aigle (Orne), le 11 septembre 1856, à Mgr Ginoulhiac, une lettre où il disait en parlant de l'affirmation de l'abbé Déléon : « Tout cela est aussi mensonger que ridicule; je le démens formellement. Le Saint Père ne m'a jamais parlé de la Salette, et je ne me souviens en aucune façon d'en avoir parlé moi-même, dans aucune compagnie ecclésiastique, ni à Paris, ni ailleurs. Si cette rectification pouvait avoir la moindre utilité, j'oserais vous prier, Monseigneur, de lui donner toute la publicité que vous jugerez convenable. »

A ce démenti l'abbé Déléon opposa (*Dernier mot...*, p. 129) deux lettres à lui adressées, l'une de M. Garnier, ancien professeur au Rondeau et compagon de M. Chambon à la Salette en 1846, l'autre de M. de Ventavon, avocat à Grenoble. « Avant-hier, écrivait le premier le 23 octobre 1854, je dînais à Paris avec le digne abbé Carron (curé de Saint-André-d'Antin) ; avec nous se trouvait l'abbé de Ségur, qui depuis deux ans est audi-

1. Au mois d'avril 1905, on disait tout bas dans les cercles ecclésiastiques de Grenoble que, lors de son voyage à Rome au mois de février précédent, Mgr Henri n'avait pu avoir communication des secrets, qu'on ne les retrouvait plus au Vatican. Mgr Fava aurait auparavant reçu la même réponse.

teur de la Rote à Rome. Or voici ce qu'il nous a dit de l'opinion du pape sur la Salette. Le jour même où le Saint Père recevait le fameux secret des enfants, l'abbé de Ségur et beaucoup de cardinaux étaient en soirée au Vatican. Dès que le pape entra il s'exprima ainsi sur la scène qu'il avait eue avec ceux qui lui apportaient providentiellement le secret mystérieux : « Le premier secret était une niaiserie, une sottise qui m'a fait rire de pitié ; le second m'annonçait que je serais assassiné avec plusieurs cardinaux, ce qui m'a fait pousser ironiquement un gros soupir. » Et aussitôt le pape se mit à raconter dans tous leurs plus minutieux détails les deux ridicules secrets. Retenez bien ceci : l'abbé de Ségur était présent à ces explications, et dans une autre circonstance où cet abbé parlait intimement affaires avec le Saint-Père celui-ci lui répéta la même chose. Il n'y a donc pas illusion ni exagération dans cette relation, que j'ai entendue de la bouche même de l'abbé de Ségur. » « Monseigneur Deperry, écrivait M. de Ventavon le 12 octobre de la même année 1854 à la suite d'un entretien avec l'évêque de Gap, m'a lu une lettre que lui écrivait l'aumônier du pape, dans laquelle se trouve ce que vous savez déjà sur les deux prêtres fanatiques, sur le secret qui n'en était pas un, sur les chiffons de papier jetés aux rebuts, etc. ; il m'a dit que la Congrégation des Rites avait voulu charger l'archevêque d'Avignon et successivement plusieurs évêques d'informer sur le fait de la Salette, mais que tous avaient refusé. Il m'a appris que le pape avait condamné l'office de la Salette, parce qu'il reposait sur un fait non reconnu, etc. »

III. — Communication de Mélanie.

Le secret de Maximin n'a pas encore été publié[1] ; quant

1. On lit dans Girard, IIe opuscule, p. 11 : « Après avoir lu (dans

à Mélanie, elle s'est crue obligée de publier le sien ; si elle ne le fit pas en 1858, date où, dit-elle (v. p. 93), la sainte Vierge le lui permettait, c'est qu'elle était carmélite cloîtrée à Darlington. En 1860 elle revint en France et se fixa à Marseille chez les religieuses de la Compassion ; elle avait plus de liberté. Néanmoins, écrivait-elle de Castellamare le 2 mai 1872, à Victor de Stenay, auteur de *l'Avenir dévoilé* (lettre citée dans Delbreil, p. 252), « comme religieuse, je ne pouvais pas grand'chose. En 1860 je remis cette partie de mon secret entre les mains d'une personne selon le cœur de Dieu, c'était à l'assistante de la supérieure générale des religieuses de la Compassion de Marseille : j'étais alors dans ce couvent, je faisais partie de la communauté. Cette pièce fut transmise à un vicaire général de l'évêché de cette ville. On la rendit en disant : « La France est en paix ; ce sont des choses qui regardent la fin du monde, il faut prendre garde à l'illusion ; il ne faut pas trop y donner attention, etc. » Cette même pièce fut ensuite mise entre les mains d'un R. P. Jésuite. Il la rendit en disant que c'étaient des choses de la fin du temps et des choses prises dans l'Apocalypse. Je voulais écrire à Napoléon et j'ai

le 1er opuscule : *les Secrets de la Salette*) que Maximin l'avait forcé à prendre une des copies de son secret, M. Dausse nous a déclaré lui-même et a écrit sur notre manuscrit qui s'imprimait « qu'il avait remis deux copies de ce même secret, l'une à Mgr Ginoulhiac, sur sa demande officielle, le 5 septembre 1855, et l'autre à M. le chanoine de Taxis, sur ses vives instances, le 20 avril 1862. » Nous montrerons à qui veut la voir cette déclaration écrite de la main même de M. Dausse. » — Mais au mois de septembre 1871 Maximin écrivait à Girard (Péladan, *Maximin*, p. 213) : « Personne de plus surpris que moi d'apprendre que j'aurais communiqué mon secret, qu'on en a répandu et colporté la copie et que vous la tenez de M. Dausse, à qui j'aurais fait accepter de force mon brouillon de l'évêché... Je l'ai brûlé séance tenante et *depuis jamais je n'ai rien divulgué*, pas même aux heures de mon extrême détresse ou de la plus irrésistible tentation... Je l'emporterai avec moi dans la tombe. »

écrit; mais j'ai encore la lettre, car on ne me permit pas de la lui envoyer. »

Dans la même année 1860 — raconte Girard (IIIe opuscule, p. 36), d'après une lettre du comte de Penalver, le donateur des statues en bronze de la Salette, — un des directeurs de Mélanie obtint une communication complète qu'il remit à M. de Penalver et à une autre personne.

Mélanie communiqua encore une partie du secret, en 1869 à Mgr Zola, évêque de Lecce, en 1870 à l'abbé Bliard, prêtre du diocèse de Bordeaux; à la fin du manuscrit elle ajoutait ces lignes (Delbreil, p. 211) : « Mon révérend Père, je livre entre vos mains cette partie du secret que j'ai reçu de la sainte Vierge le 19 septembre 1846, laquelle maintenant ne doit plus demeurer secrète. Vous en ferez ce que bon vous semblera devant Dieu et devant les hommes. Ce 30 janvier 1870. Mélanie Mathieu, bergère à la Salette. » Le 21 juin 1871 (Delbreil, p. 24), toujours à Castellamare, elle écrivait au même abbé : « Si le bon Dieu se laissait fléchir et nous donnait la paix, alors je pourrais *écrire le message en entier*, mais non pour le livrer en public »; le 11 septembre suivant elle écrivait à l'abbé Cloquet, directeur de *l'Apostolat*, que le monde n'était pas préparé à tout recevoir.

La publication commença en 1871 [1]. A cette date, profitant des terreurs que la guerre de 1870 avait jetées dans les esprits, Girard (*les Secrets de la Salette*) publia à Grenoble le document communiqué à l'abbé Bliard, conforme, selon lui (IIIe opuscule, p. 36), « sauf quelques suppressions, qu'on y voit, à celui de 1851, ren[du]s à Sa Sainteté Pie IX ». En 1873 l'abbé Bliard édita

1. Et non en 1872, comme l'indiquent plusieurs ouvrages : la brochure de Girard est de 1871.

document tel qu'il l'avait reçu de Mélanie en 1870, avec des commentaires, dans une brochure intitulée *Lettres à un ami sur le secret de la bergère de la Salette;* la brochure parut à Naples avec l'approbation, donnée le 30 avril 1873, par la curie du cardinal-archevêque Sforza. Le 15 novembre 1879 l'évêché de Lecce accorda *l'imprimatur* et c'est à Lecce que le secret de Mélanie fut *imprimé pour la première fois d'une manière complète.*

On comprendra l'inanité de ces prétendues révélations par les extraits suivants. La « belle dame » autorise d'abord la publication du secret en l'année 1858; elle se plaint ensuite qu' « il ne se trouve plus personne pour implorer miséricorde et pardon pour le peuple; il n'y a plus d'âmes généreuses, il n'y a plus personne digne d'offrir la victime sans tache à l'Eternel en faveur du monde »; puis elle continue :

« Dieu va frapper d'une manière sans exemple. Malheur aux habitants de la terre! Dieu va épuiser sa colère, et personne ne pourra se soustraire à tant de maux réunis. Les chefs, les conducteurs du peuple de Dieu ont négligé la prière et la pénitence, et le démon a obscurci leurs intelligences; ils sont devenus ces étoiles errantes que le vieux diable traînera avec sa queue pour les faire périr. Dieu permettra au vieux serpent de mettre des divisions parmi les régnants, dans toutes les sociétés et dans toutes les familles; on souffrira des peines physiques et morales; Dieu abandonnera les hommes à eux-mêmes, et enverra des châtiments qui se succéderont pendant plus de trente-cinq ans. La société est à la veille des fléaux les plus terribles et des plus grands événements; on doit s'attendre à être gouverné par une verge de fer et à boire le calice de la colère de Dieu.

« Que le vicaire de mon fils, le souverain pontife Pie IX, ne sorte plus de Rome après l'année 1859; mais qu'il soit ferme et généreux, qu'il combatte avec les armes de la foi et de l'amour; je serai avec lui. Qu'il se méfie de Napoléon [1]; son cœur est double, et quand il voudra être à la

1. En 1846, le futur Napoléon III n'était pas un inconnu; cette

fois pape et empereur, bientôt Dieu se retirera de lui : il est cet aigle qui, voulant toujours s'élever, tombera sur l'épée dont il voulait se servir pour obliger les peuples à se faire élever...

« Le vicaire de mon Fils aura beaucoup à souffrir, parce que pour un temps l'Eglise sera livrée à de grandes persécutions : ce sera le temps des ténèbres; l'Eglise aura une crise affreuse. La sainte foi de Dieu étant oubliée, chaque individu voudra se guider par lui-même et être supérieur à ses semblables. On abolira les pouvoirs civils et ecclésiastiques, tout ordre et toute justice seront foulés aux pieds ; on ne verra qu'homicides, haine, jalousie, mensonge et discorde, sans amour pour la patrie ni pour la famille. Le Saint-Père souffrira beaucoup. Je serai avec lui jusqu'à la fin pour recevoir son sacrifice. Les méchants attenteront plusieurs fois à sa vie sans pouvoir nuire à ses jours; mais ni lui ni son successeur... [1] ne verront le triomphe de l'Eglise de Dieu.

« La France, l'Italie, l'Espagne et l'Angleterre seront en guerre ; le sang coulera dans les rues ; le Français se battra avec le Français, l'Italien avec l'Italien; ensuite il y aura une guerre générale qui sera épouvantable. Pour un temps Dieu ne se souviendra plus de la France ni de l'Italie, parce que l'Evangile de Jésus-Christ n'est plus connu. Les méchants déploieront toute leur malice ; on se tuera, on se massacrera mutuellement jusque dans les maisons. Au premier coup de son épée foudroyante les montagnes et la nature entière trembleront d'épouvante, parce que les désordres et les crimes des hommes percent la voûte des cieux. Paris sera brûlé et Marseille englouti ; plusieurs grandes villes seront ébranlées et même englouties par des tremblements de terre : on croira que tout est perdu ; on ne verra qu'homicides, on n'entendra que bruits d'armes et que blasphèmes. Les justes souffriront beaucoup ; leurs prières, leur pénitence et leurs larmes monteront jusqu'au ciel, et tout le peuple de Dieu demandera par-

année-là (mai), il s'était échappé de la forteresse de Ham et, depuis, séjournait à Londres. Deux ans après l'apparition il était élu député dans quatre départements (septembre 1848) : l'empire était virtuellement fait.

1. Au lieu du pointillé, d'autres textes portent : « ni son successeur, qui ne régnera pas longtemps ». Interrogée sur l'authenticité de ces derniers mots, Mélanie aurait répondu : « Cela a été dit ainsi ; il n'y a rien à y changer; cela s'expliquera plus tard. »

don et miséricorde, et demandera mon aide et mon intercession.

« Alors Jésus-Christ, par un acte de sa justice et de sa grande miséricorde pour les justes, commandera à ses anges que tous ses ennemis soient mis à mort. Tout à coup les persécuteurs de l'Eglise de Jésus-Christ et tous les hommes adonnés au péché périront, et la terre deviendra comme un désert. Alors se fera la paix, la réconciliation de Dieu avec les hommes. Jésus-Christ sera servi, adoré et glorifié ; la charité fleurira partout. Les nouveaux rois seront le bras droit de la sainte Eglise, qui sera forte, humble, pieuse, pauvre, zélée et imitatrice des vertus de Jésus-Christ. L'Evangile sera prêché partout, et les hommes feront de grands progrès dans la foi, parce qu'il y aura unité parmi les ouvriers de Jésus-Christ, et que les hommes vivront dans la crainte de Dieu.

« Cette paix parmi les hommes ne sera pas longue : vingt-cinq ans d'abondantes récoltes leur feront oublier que les péchés des hommes sont cause de toutes les peines qui arrivent sur la terre. Un avant-coureur de l'antéchrist, avec ses troupes de plusieurs nations, combattra contre le vrai Christ, le seul Sauveur du monde ; il répandra beaucoup de sang, et voudra anéantir le culte de Dieu pour se faire regarder comme un Dieu. La terre sera frappée de toutes sortes de plaies (outre la peste et la famine qui seront générales) ; il y aura des guerres jusqu'à la dernière guerre, qui sera alors faite par les dix rois de l'antéchrist, lesquels rois auront tous un même dessein et seront les seuls qui gouverneront le monde. Avant que ceci arrive il y aura une espèce de fausse paix dans le monde ; on ne pensera qu'à se divertir ; les méchants se livreront à toutes sortes de péchés ; mais les enfants de la sainte Eglise, les enfants de la foi, mes vrais imitateurs, croîtront dans l'amour de Dieu et dans les vertus qui me sont les plus chères. Heureuses les âmes humbles conduites par l'Esprit Saint ! Je combattrai avec elles jusqu'à ce qu'elles arrivent à la plénitude de l'âge. La nature demande vengeance pour les hommes, et elle frémit d'épouvante dans l'attente de ce qui doit arriver à la terre souillée de crimes...

« Les saisons seront changées, la terre ne produira que de mauvais fruits, les astres perdront leurs mouvements réguliers, la lune ne reflètera qu'une faible lumière rougeâtre ; l'eau et le feu donneront au globe de la terre des mouvements convulsifs et d'horribles tremblements de terre, qui feront engloutir des montagnes, des villes. Rome perdra la foi et deviendra le siège de l'antéchrist. Les démons de l'air avec l'antéchrist feront de grands prodiges sur la terre et dans les airs, et les hommes se pervertiront de plus en plus. Dieu aura soin de ses fidèles serviteurs et des hommes de bonne volonté; l'Evangile sera prêché partout, tous les peuples et toutes les nations auront connaissance de la vérité!

« J'adresse un pressant appel à la terre : j'appelle les vrais disciples du Dieu vivant et régnant dans les cieux; j'appelle les vrais imitateurs du Christ fait homme, le seul et vrai Sauveur des hommes; j'appelle mes enfants, mes vrais dévots, ceux qui se sont donnés à moi pour que je les conduise à mon divin Fils, ceux que je porte pour ainsi dire dans mes bras, ceux qui ont vécu de mon esprit; enfin j'appelle les Apôtres des derniers temps, les fidèles disciples de Jésus-Christ qui ont vécu dans un mépris du monde et d'eux-mêmes, dans la pauvreté et dans l'humilité, dans le mépris et dans le silence, dans l'oraison et dans la mortification, dans la chasteté et dans l'union avec Dieu, dans la souffrance et inconnus du monde. Il est temps qu'ils sortent et viennent éclairer la terre. Allez, et montrez-vous comme mes enfants chéris; je suis avec vous et en vous, pourvu que votre foi soit la lumière qui vous éclaire dans ces jours de malheurs. Que votre zèle vous rende comme des affamés pour la gloire et l'honneur de Jésus-Christ. Combattez, enfants de lumière, vous, petit nombre qui y voyez; car voici le temps des temps, la fin des fins. L'Eglise sera éclipsée, le monde sera dans la consternation. Mais voilà Enoch et Elie remplis de l'Esprit de Dieu; ils prêcheront avec la force de Dieu, et les hommes de bonne volonté croiront en Dieu, et beaucoup d'âmes seront consolées; ils feront de grands progrès par la vertu du Saint-Esprit et condamneront les erreurs diaboliques de l'antéchrist.

« Malheur aux habitants de la terre! il y aura des guerres sanglantes et des famines; des pestes et des maladies contagieuses; il y aura des pluies d'une grêle effroyable d'animaux; des tonnerres qui ébranleront des villes; des tremblements de terre qui engloutiront des pays; on entendra des voix dans les airs; les hommes se battront la tête contre les murailles; ils appelleront la mort, et d'un autre côté la mort fera leur supplice; le sang coulera de tous côtés. Qui pourra vaincre, si Dieu ne diminue le temps de l'épreuve? Par le sang, les larmes et les prières des justes, Dieu se laissera fléchir ; Enoch et Elie seront mis à mort ; Rome payenne disparaîtra ; le feu du ciel tombera et consumera trois villes ; tout l'univers sera frappé de terreur, et beaucoup se laisseront séduire parce qu'ils n'ont pas adoré le vrai Christ vivant parmi eux. Il est temps ; le soleil s'obscurcit ; la foi seule vivra.

« Voici le temps ; l'abîme s'ouvre. Voici le roi des rois des ténèbres. Voici la bête avec ses sujets, se disant le sauveur du monde. Il s'élèvera avec orgueil dans les airs pour aller jusqu'au ciel ; il sera étouffé par le souffle de saint Michel archange. Il tombera, et la terre, qui depuis trois jours sera en de continuelles évolutions, ouvrira son sein plein de feu ; il sera plongé pour jamais avec tous les siens dans les gouffres éternels de l'enfer. Alors l'eau et le feu purifieront la terre et consumeront toutes les œuvres de l'orgueil des hommes, et tout sera renouvelé : Dieu sera servi et glorifié ».

Ensuite la sainte Vierge me donna, *aussi en français*, la règle d'un nouvel ordre religieux. Après m'avoir donné la règle de ce nouvel ordre religieux la sainte Vierge reprit ainsi la suite du discours : « S'ils se convertissent... »

Quoi qu'en dise Mélanie, « la sainte Vierge » n'a pu tenir un pareil langage et il faut absolument rejeter ce prétendu secret ; si nous avions là le texte envoyé en 1851 à Pie IX, on comprendrait la parole prononcée, selon certains, par le pape : monde de stupidité.

Remarquons-le d'abord : tout différent des trois secrets de Bernadette Soubirous, ce document, complet, ne renferme rien de personnel à Mélanie : quelle utilité présente-t-il pour la bergère en 1846 ? et pourquoi le donner à cette date, ne pas attendre 1858, puisque l'enfant devait le garder jusqu'à cette année-là ?

Sans parler du style, étrange (« ils sont devenus ces étoiles errantes que le vieux diable traînera avec sa queue pour les faire périr »), le secret, très vague, reste à l'état de masse flottante, diffuse, sans consistance et, par suite, sans portée. Quelle valeur peuvent avoir des prédictions de cette sorte : « la sainte foi de Dieu étant oubliée, chaque individu voudra se guider par lui-même et être supérieur à ses semblables ; on abolira les pouvoirs civils et ecclésiastiques ; tout ordre et toute justice seront foulés aux pieds ; on ne verra qu'homicides, haine, jalousie, mensonge et discorde, sans amour pour la patrie ni pour la famille ? »

Je n'insiste pas sur ces passages : « Ni lui (Pie IX) ni son successeur, *qui ne règnera pas longtemps*... ; il y aura des pluies d'une *grêle effroyable d'animaux* ; » je me contente de noter que les menaces : « Dieu *va frapper* d'une manière *sans exemple*... Dieu *va épuiser sa colère* et *personne* ne pourra se soustraire à tant de maux réunis... La société est *à la veille* des fléaux *les plus terribles* et des plus grands événements... Paris sera brûlé et Marseille englouti » ne se sont point vérifiées. Toutes auraient dû se réaliser dans un avenir peu éloigné, autrement à quoi servaient-elles ? Et s'il s'agit de faits très prochains, qui devaient arriver en 1846 ou en 1847, pourquoi interdire la publication du secret avant 1858 ?

Mais où Mélanie se montre « visionnaire » dans le plus mauvais sens du mot, c'est quand, d'une manière absolue, elle ose écrire : « *Il ne se trouve plus personne* pour implorer miséricorde et pardon ; *il n'y a plus personne* digne d'offrir la victime sans tache à l'Eternel en faveur du monde. » « Le curé d'Ars », l'abbé Vianney, vivait cependant en 1846.

Quelle conclusion tirer ?

On ne peut soutenir que le texte de 1878 n'est point de Mélanie, que la publication en a été faite sous son nom, mais en dehors d'elle et malgré elle : j'ai lu, en effet, sur un exemplaire de l'édition Coulomb (Lectoure,

1898) ces lignes écrites de la main de l'ancienne bergère : « Le fond est vrai, mais il y a beaucoup de fautes d'impression dans cette édition. *La seule édition très exacte* est celle de l'autographie de l'abbé Combe, curé de Dion (Allier). » D'autre part Mgr Zola, évêque de Lecce, dit dans sa lettre du 24 mai 1880 à l'abbé Roubaud : « Quant au secret imprimé à Lecce, je vous assure qu'il est identique à celui qui me fut donné par Mélanie en 1869 ; elle a comblé seulement dans ce dernier ces lacunes, ces petites réticences qui, du reste, étaient loin de rien ajouter ou de rien ôter à la substance de ce document. » Enfin, le 8 octobre 1904, Mélanie écrivait à M. de la Rive, directeur de *la France chrétienne* : « Je proteste hautement contre un texte différent qu'on oserait publier après ma mort. Je proteste encore contre les très faux bruits de tous ceux qui osent dire et écrire : 1° que j'ai brodé le secret ; 2° contre ceux qui affirment que la Reine de la Sagesse n'a pas dit de faire passer le secret à tout son peuple. »

Est-il plus légitime de prétendre que Mélanie ne forme pas un « bloc », de rejeter en partie ce qu'elle dit relativement à l'apparition, de croire Mélanie en 1846, de ne point la croire en 1878, bien qu'aux deux dates elle parle du même fait et certifie à plusieurs reprises, hautement, clairement, que ces prédictions, elle les a bien entendues aux Baisses, le 19 septembre 1846, telles qu'elle les répète sans y changer un seul mot ?

En premier lieu, malgré leur longueur, les secrets ne constituent point l'essentiel de l'apparition, puisque la partie publique devait être transmise aussitôt « au peuple » sans attendre l'année 1858, et que Maximin n'a jamais divulgué son secret. Même erroné dans son ensemble, le fait postérieur — j'entends la publication — me semble n'infirmer en rien le fait primitif.

Aussi bien on constate dans ce document certaines divergences avec le récit authentique de l'apparition. D'après celui-ci (*supra*, pp. 29, 69), Mélanie ne savait pas si c'était la sainte Vierge qui était apparue; or ici la dame dit : « crucifient de nouveau mon Fils..., à mon divin Fils... »; donc la voyante devait comprendre que c'était la sainte Vierge. Sans doute M. Dausse, tuteur officieux de la jeune fille, écrivait bien au curé d'Ars, en 1850 (*supra*, p. 69) : « Ni lui (Maximin) ni Mélanie n'ont jamais dit avoir vu la sainte Vierge, par la raison très simple que, lors de l'apparition, *ces deux enfants étaient tellement ignorants qu'ils ne savaient réellement pas ce que c'était que la Sainte Vierge* »; mais n'est-ce pas une exagération manifeste? De plus, lorsque, le 2 juillet 1851, Mélanie écrivait, dans une salle de l'évêché de Grenoble, son secret, elle demanda aux témoins l'orthographe des mots *infailliblement* et *antéchrist* (*supra*, p. 86); or, ici le mot *infailliblement* ne se trouve pas.

Et qu'on ne dise point, avec l'abbé Rousselot (*la Vérité...*, p. 57; v. *supra*, p. 17, n° 10), que la dame a donné le secret à la bergère en patois, non en français (en réalité le secret fut dit à la petite fille en français). Autrement je me demande pourquoi la dame aurait communiqué à Maximin son secret propre en français (Rousselot, *la Vérité...*, p. 69) et à Mélanie le sien en patois. Mais il existe des preuves positives : le 18 septembre 1849, raconte Mlle des Brulais (*Echo*, p. 157), Mélanie affirma en présence de trente personnes qu'elle ne comprenait pas le français, et « fit exception pour le secret, parce que la sainte Vierge l'a voulu ainsi ».

On le sent d'ailleurs à la simple lecture du prétendu secret ; lorsque Mélanie l'écrit — en 1860, par exemple — elle s'exprime d'après des impressions postérieures à 1846. « On sait quelle était leur grossièreté, leur ignorance, écrit Mgr Ginoulhiac (mandement du 4 novembre 1854, p. 7) à propos des deux enfants ; c'est *à peine* si *quinze mois* d'instruction *suivie* dans une *maison religieuse* ont suffi à leur apprendre ce qui est *rigoureusement nécessaire* pour être admis à la première communion. » La bergère de 1846 n'éprouvait donc certainement pas ces sentiments qu'on trouve exprimés à la suite du secret : « La lumière qui sortait de tout son corps (du Christ) paraissait comme des dards très brillants qui me fendaient le cœur *du désir de me fondre en lui*... J'en avais une vive compassion et j'aurais voulu *redire au monde entier son amour inconnu et infiltrer dans les âmes des mortels l'amour le plus saint et la reconnaissance la plus vive envers un Dieu*... Quelquefois aussi il paraissait parler : il semblait vouloir montrer qu'il était en croix pour nous, par amour pour nous, pour nous attirer à son amour, qu'il a toujours un amour nouveau pour nous, que son amour du commencement *et de l'année 33* est toujours celui d'aujourd'hui et qu'il sera toujours... Tout en la très sainte Vierge me portait fortement et me faisait comme glisser à adorer et à aimer mon Jésus dans tous les états de sa vie mortelle. »

Et encore : « Les yeux de la belle Immaculée étaient comme la porte de Dieu, d'où l'on voyait tout ce qui peut enivrer l'âme. Quand mes yeux se rencontraient avec ceux de la Mère de Dieu et la mienne, j'éprouvais au-dedans de moi-même une heureuse révolution d'amour et de protestation de l'aimer et de me fondre d'amour. »

Je le répète : nous avons ici, non pas les paroles de la dame, mais les sentiments que Mélanie prétendait, en 1878, avoir été les siens sur la montagne de la Salette le 19 septembre 1846. Manifestement elle se trompe.

Que dire de ce « nouvel ordre religieux », les « Apôtres des derniers temps » que « la sainte Vierge » aurait chargé Mélanie de fonder et dont elle lui aurait donné la règle à la fin du secret ? On se le rappelle, lors des difficultés qui surgirent entre la religieuse et Mgr Perraud (*supra*, p. 4, note) à propos de la chapelle de Chalon-sur-Saône, l'évêque d'Autun en référa à Rome, et communiqua au Vatican la prétention de Mélanie d'assurer le culte catholique dans cette chapelle par « la congrégation des Apôtres des derniers temps qu'elle avait fondée » ; Rome répondit en substance : Nous ne connaissons pas cette congrégation.

Mais, objectera-t-on, Mélanie était si bien convaincue de la réalité du secret, tel qu'elle le raconte, qu'elle n'a pas craint de se voir traiter de menteuse et de faussaire. Rien, en effet, n'était plus facile à Rome que de comparer les deux textes, celui de 1846 envoyé en 1851 à Pie IX, et celui de 1878, jeté dans le domaine public.

Oui, croyons-nous, Mélanie était convaincue, en 1878, que, selon l'ordre de la dame, elle communiquait bien le secret jadis à elle confié sur le plateau des Baisses. Aussi n'a-t-elle pas craint la comparaison des textes. Sa publication était œuvre de bonne foi, mais de pure imagination.

Psychologiquement il est facile de s'expliquer le fait. Déjà en 1854 Mélanie se plaignait de l'attitude de certains prêtres à son égard. Envoyée, pour raison de santé, de Corenc à Vienne (Isère), chez les sœurs de Saint-Vincent de Paul, elle se trouvait là depuis quelques semaines lorsque, un jour, vers midi, elle a une crise de désespoir; elle ouvre sa fenêtre, appelle au secours, se plaint avec cris de la captivité qu'on lui inflige, de la claustration rigoureuse à laquelle on la soumet, et réclame la liberté. En même temps elle jette dans la rue un billet contenant ses plaintes et ses désirs. Les religieuses accourent, calment cette exaltation maladive. Averti aussitôt, l'abbé Burnoud, supérieur des missionnaires de la Salette, part pour Vienne, ramène Mélanie à Grenoble, la remet entre les mains d'un des missionnaires, l'abbé Sibillat, qui la conduit immédiatement sur la montagne de la Salette, malgré la neige, et la confie à la garde de l'abbé Denas.

Le 20 septembre 1854, Mlle des Brulais (*Echo*, p. 79) apprenait à son amie, Anglaise d'origine, le départ subit de Mélanie : « Le nouvel incident de cette journée va bien te surprendre : sœur Marie de la Croix quitte la France et s'en va visiter ton pays! Oui, sous peu de jours, selon toute probabilité, la bergère de la Salette habitera l'Angleterre... Pour combien de temps? Je l'ignore; mais elle est partie ce matin pour Grenoble, en compagnie de M. Chambon, de M. Gerin, du R.P. Burnouf et de Mgr Newsham. Ce départ a été si imprévu, si précipité, que j'en suis encore toute abasourdie. Avant-hier soir, en gravissant sa chère Montagne, certes la pauvre enfant ne se doutait guère que de longtemps peut-être elle ne recommencerait la sainte ascension et ce n'est qu'après la fête qu'elle a connu le projet de son voyage... »

On a prétendu que Mgr Ginoulhiac l'envoyait jusqu'en Angleterre et dans le couvent cloîtré des carmélites de Darlington, au comté de Durham, à 250 milles de Londres, parce qu'elle prophétisait contre Napoléon III. Dans son mandement du 4 novembre 1854, l'évêque de Grenoble ne craint pas de dire en parlant de la voyante : « Ne serait-il pas étonnant qu'elle ne se fût pas laissé gagner par l'attachement à son propre sens, qui est un des plus grands périls que courent les âmes favorisées de dons extraordinaires ? Cet attachement à son sens et les singularités qui en sont la suite naturelle fixèrent notre attention dès que nous en fûmes informé. »

La phrase est enveloppée, mais on lit facilement entre les lignes et l'on comprend que Mélanie ait adressé plus d'une fois de vifs reproches, très immérités, aux évêques aussi bien qu'aux prêtres.

D'autant que, par contraste, après son départ d'Angleterre, lors de ses séjours en France ou en Italie, des lettres innombrables lui arrivaient de partout, lui répétant que, privilégiée entre toutes, elle avait un rôle à remplir dans l'Eglise.

Ajoutez enfin les lectures de livres apocalyptiques, de visions, de biographies d'illuminées, et l'on sera moins surpris que nous distinguions deux Mélanie : la petite voyante de 1846, et la « visionnaire » de 1878.

IV

LE MANDEMENT DOCTRINAL

19 septembre 1851

Résumé. — Moins d'un mois après le départ de l'abbé Rousselot de Rome Mgr Ginoulhiac signe un mandement doctrinal (19 septembre 1851) déclarant que la sainte Vierge est apparue le 19 septembre 1846 aux deux bergers. Le mandement ne fut rendu public que les 10 et 16 novembre. Auparavant, pendant la retraite pastorale (septembre) deux opposants, les abbés Déléon et Cartellier, avaient répandu deux documents, l'un sur l'attitude de Pie IX, l'autre sur l'incident d'Ars. Il s'ensuivit une polémique de presse ; le 10 octobre l'évêque défend à ses prêtres de rien publier sur la Salette sans sa permission. — Le 25 mai 1852, a lieu la pose solennelle de la première pierre de la basilique. L'opposition continue sous forme de chansons et de volumes, œuvre de l'abbé Déléon, tous condamnés. — A la fin de 1852 Mgr de Bruillard a pour successeur Mgr Ginoulhiac, lequel condamne également deux livres ayant pour auteurs les abbés Déléon et Cartellier (30 septembre, 4 novembre 1854).

L'abbé Rousselot était revenu de Rome le 24 août. Moins d'un mois après, au cinquième anniversaire de l'apparition, 19 septembre 1851, Mgr de Bruillard signa un mandement doctrinal dont voici quelques articles :

Article 1er. — Nous jugeons que l'apparition de la sainte Vierge à deux bergers, le 19 septembre 1846, sur une montagne de la chaîne des Alpes située dans la paroisse de la Salette, de l'archiprêtré de Corps, porte en elle-même tous les caractères de la vérité et que les fidèles sont fondés à la croire indubitable et certaine.

Article 2. — Nous croyons que ce fait acquiert un nouveau degré de certitude par le concours immense et spontané des fidèles sur le lieu de l'apparition, ainsi que par la multitude des prodiges qui ont été la suite dudit événement, et dont il est impossible de révoquer en doute un très grand nombre sans violer les règles du témoignage humain.

Article 5. — Nous défendons expressément aux fidèles et aux prêtres de notre diocèse de jamais s'élever publiquement, de vive voix ou par écrit, contre le fait que nous proclamons aujourd'hui et qui, dès lors, exige le respect de tous.

Le mandement fut soumis à Rome le 17 septembre ; le 7 octobre, trois semaines après la signature, le cardinal Lambruschini, préfet de la Congrégation des Rites, répondit à l'envoyeur, l'abbé Rousselot :

J'ai reçu, avec votre lettre du 17 septembre, le projet de mandement que désire publier le savant et pieux évêque de Grenoble par rapport au fait qui a eu lieu sur une des montagnes de son diocèse. Aussitôt que mes occupations et ma faible santé me l'ont permis, j'ai lu très attentivement ledit mandement et voici mon avis. Le prélat raconte le fait, certainement extraordinaire, sans prévention et avec l'exactitude historique, tant recommandée dans la sainte Ecriture et d'après les règles de la sainte Eglise. Tout est très bien et la lecture ne m'a rien laissé à désirer, surtout par l'examen de l'événement, qui a été poussé avec une édifiante et tout à fait louable rigueur. Je n'ai qu'une chose à observer ; elle regarde les dispositions prescrites par le vénérable prélat, parmi lesquelles celle du nº 3. Je pense que peut-être la sagesse et la prudence exigent de ne pas en venir encore à attester avec une si grande solennité, au nom de l'Eglise, la vérité du fait dont il est question.

Dans ce nº 3 il s'agissait d'un *Te Deum* que Mgr de Bruillard ordonnait de chanter ; mais on ne voit point en quoi ce *Te Deum* était une « solennité » plus grande que la lecture même du mandement. Cette lecture eut lieu dans les églises de Grenoble seulement le 10 novembre, et le 16 dans les autres paroisses du diocèse. Le 20 décembre Mgr Devie, évêque de Belley, qui, le 15 janvier précédent, disait à Mgr de Bruillard : « A votre place, sans décider positivement que l'apparition est surnaturelle... », lui écrivait : « Je vous félicite d'avoir pris votre parti relativement à l'affaire de la Salette en publiant votre mandement et en prenant des mesures pour construire un nouveau sanctuaire à Marie. D'après les lois canoniques, vous êtes seul à portée de décider cette question. »

Avant la lecture du haut des chaires, de graves incidents avaient eu lieu au grand séminaire de Grenoble. La retraite pastorale s'était ouverte le 24 septembre. Les prêtres ignoraient que Mgr de Bruillard avait signé, cinq jours auparavant, le mandement doctrinal, mais on savait qu'il profiterait de la circonstance pour se prononcer sur l'apparition. Le 25, M. Rousselot distribue aux retraitants la relation de son voyage à Rome ; en même temps, une pétition sollicitant de Monseigneur la constatation de l'apparition divine se couvre de 140 signatures. Le 28 et le 29, deux écrits lithographiés sont adressés aux prêtres de la retraite.

Voici le premier, signé Robert — entendez Déléon[1] — : il indique le ton de la discussion.

LA SALETTE

Sous ce titre : *la Salette examinée à Rome* M. le chanoine Rousselot fait distribuer aux frères et aux amis réunis à la retraite pastorale une notice dont il est l'auteur et que cependant il n'a pas cru devoir signer.

Quelques affidés, et notamment M. Moulin, aumônier de la

1. L'abbé Déléon, né au Bourg-d'Oisans (Isère), 11 janvier 1799, fut successivement vicaire à Corps, curé de Saint-Ismier, près Grenoble, 1827-1840, de Claix, de Villeurbanne, 1840-1851 (il quitte sa paroisse dès février 1848 et se fait remplacer par un vicaire) ; se retire du ministère en avril 1851 ; auparavant il fonde un journal à Grenoble et a de graves difficultés avec l'administration diocésaine au sujet de la cure de Villeurbanne ; le 7 janvier 1852, l'administration demande la suspension du journal, puis, 30 janvier, interdit l'abbé Déléon ; cet interdit est levé par Mgr Ginoulhiac, 1853, qui le lance de nouveau ; il est enfin définitivement retiré par Mgr Fava. L'abbé Déléon mourut à Saint-Ismier dans un âge très avancé.

Ferrandière, vont de chambre en chambre solliciter des adhésions aveugles.

Pourquoi ces démarches clandestines ?

A quoi tend cette notice ?

La vérité n'a pas besoin de se cacher ; elle se produit au grand jour et M. Moulin, en opérant à la sourdine, prouve qu'il ne la comprend pas.

La notice tend à surprendre la religion de quiconque, sur la foi de M. Rousselot, se dispense de réfléchir.

1o Elle indique que MM. Gérin et Rousselot ont été envoyés par Mgr l'évêque de Grenoble auprès de Sa Sainteté pour porter le secret des enfants. Mais elle n'ajoute pas que cette mission a eu pour but principal d'échapper à l'investigation de S. E. le cardinal de Bonald, délégué spécial du Pape, qui n'est arrivé à Grenoble, à jour fixe, que pour être mystifié, comme il l'a dit publiquement lui-même.

2o Elle rend compte de deux entrevues avec le Pape. Dans la première le Souverain Pontife dit quelques mots vagues sur la nature du secret. Puis il ajoute ses propres idées, cite Proudhon et parle de nos soldats dans des termes que rappelleraient à peine nos journaux voltairiens et que les convenances ne permettaient pas de reproduire [1].

Dans la deuxième il ne dit mot à M. Rousselot de sa mission, il lui donne un chapelet. La notice, nonobstant son titre, prouve elle-même que le Pape n'a pas examiné.

3o Elle avoue que le cardinal Fornari, nonce en France jusqu'en 1850, n'a pas lu les ouvrages de M. Rousselot ; que le cardinal Lambruschini ne les a pas lus non plus. Ces deux cardinaux sont les seuls dont parle la notice. Le fait de la Salette n'a été examiné ni par eux ni par le Pape. Comment dès lors justifier le titre de la notice ?

La notice désigne ensuite le P. Rubillon, jésuite, et Mgr Frattini, simple prélat, ce qui ne veut pas dire évêque. Ceux-ci ont lu les ouvrages de M. Rousselot et ils donnent à Mgr de Grenoble le droit de construire une chapelle (en France ce droit appartient à tout propriétaire sur son sol). Mais M. Frat-

1. Voici le passage (Donnadieu, II, p. 95) : « J'ai moins à craindre de Proudhon que de l'indifférence religieuse et le respect humain. Vos soldats se mettent à genoux quand ils me voient ; mais c'est après avoir regardé auparavant de droite et de gauche s'ils ne sont vus de personne. »

tini ajoute une énormité : sous le prétexte qu'il ne s'agit pas ici de canoniser la sainte Vierge, il prétend qu'une probabilité suffit pour que l'évêque puisse user de son droit.

L'usage de ce droit, par rapport à la Salette, serait aujourd'hui la canonisation d'un fait contre lequel s'élèvent tous les cardinaux français, tous les évêques de province. Dès lors ou la notice prête à M. Frattini un langage erroné, ou ce prélat, disciple de Port-Royal, admet que le même fait peut être une erreur et une vérité suivant la différence des lieux. Que deviennent, dans ce cas, l'unité et la catholicité de l'Eglise ?

M. Rousselot termine sa notice par ces assertions :

1° « A Rome on examine avant de croire : tous ceux qui ont examiné le fait de la Salette le croient vrai et bien prouvé. » Or, d'après la notice elle-même, Pape et cardinaux n'ont pas examiné, donc ils ne croient pas.

2° « A Rome ceux qui ont examiné le fait de la Salette reconnaissent à Mgr de Grenoble le droit de se prononcer sur ce fait. » La notice rapporte, sous la plume de M. Rousselot, ses conversations avec le Pape, les deux cardinaux, les prélats et les simples prêtres : il n'est pas une seule qui consacre ce droit. M. Rousselot a eu une singulière distraction.

3° « Le secret des enfants était de nature à infirmer ou à confirmer le fait lui-même de la Salette. » Un secret, quel qu'il soit, tant qu'il est à l'état de secret, ne peut ni infirmer ni confirmer ; M. Rousselot seul a pu penser ou écrire le contraire.

4° « Si le secret eût été ou puéril ou indigne de celle qui le donna, il y a cinq ans, le fait devait tomber par lui-même. » Ce qui est puéril ou indigne d'une controverse sérieuse, c'est ce tour de force qui suffirait, à lui seul, pour mettre en doute la bonne foi de l'argumentateur.

Le 19 septembre 1846, Maximin a son apparition vraie ou imaginaire ; quelques jours s'écoulent et il est placé dans la maison des sœurs de la Providence à Corps ; depuis cinq ans il est tenu en charte privée. Le 18 juillet 1851, MM. Rousselot et Gérin, pour faire admirer davantage la candeur et la simplicité de Maximin, disent au Pape (page 1, ligne 11 de la notice) que « depuis quelques mois il est dans des maisons d'éducation ». Cinq ans sont-ils quelques mois ? Maximin pouvait-il être séquestré plus tôt ? Les deux émissaires regrettent-ils qu'on n'ait pas commencé son « éducation » avant le 19 septembre 1846? Il est bon, il est moral de venger la religion, la morale et la sainte théologie.

Les enfants de la Salette ont menti.

Le premier ouvrage de M. Rousselot n'est pas exact. Les deux suivants déguisent la vérité connue. L'incident d'Ars a été dénaturé par calcul.

Des miracles controuvés sont la base sous laquelle on veut asseoir le fait de la Salette.

Le cardinal de Lyon a été abaissé jusqu'à l'humiliation, et, pour le tromper, on n'a pas craint de recourir au mensonge. Les cardinaux français, les évêques voisins ont examiné et ne croient pas.

La religion n'a rien à gagner au fait de la Salette, lors même qu'il serait vrai.

Elle a beaucoup à perdre si on veut, par surprise, accréditer une erreur. Car dans notre siècle peu croyant, peu éclairé en matière religieuse, on est disposé à mettre sur la même ligne les principes,qui sont essentiels, les faits accessoires, qui sont sans conséquence.

Catholique, je viens payer mon tribut à la vérité en la disant tout entière. J'indiquerai sur la Salette le pour et le contre, je citerai les faits, les auteurs, leur langage, leur nom, les lieux et les dates. Je n'avancerai rien sans preuve et, du moins en me lisant, chacun pourra, mettant la main sur sa conscience, dire avec une conviction raisonnée : Le fait de la Salette est une réalité ou une comédie. Il est prouvé par sentiment ou par spéculation.

Quelques jours me sont nécessaires pour aller puiser aux sources elles-mêmes mes derniers renseignements, car je veux porter à tous le défi de pouvoir signaler une erreur, et vers le milieu de novembre ma tâche sera accomplie.

Heureux,mille fois heureux si je puis acquitter avec succès la dette de la religion et faire revivre envers et contre tous, à propos de la Salette, les paroles de notre maître commun : *Ego sum via, veritas et vita!*

Moins long, moins verbeux, le second document ne s'appuyait que sur des faits.

UN VOYAGE A ARS

On publie le récit d'un voyage à Rome: pourquoi ne pas publier celui d'un voyage à Ars[1] ?

M. le curé d'Ars m'a dit : « La Salette est une fable ; l'enfant m'a avoué que c'était une invention; ainsi vous avez bien fait de ne pas y croire. Cela vous suffit-il, Monsieur ? — Pleinement, » répondis-je.

Comme l'occasion se représentait de voir M. le curé d'Ars, désireux, au fond, d'avoir des détails, j'ai demandé et obtenu les suivants, que je tiens également de sa bouche (je n'étais pas seul).

« L'enfant voulait se confesser ; je n'ai pas voulu y consentir avant qu'il ne se fût expliqué sur la Salette. Or il m'a dit que la Salette était inventée, qu'il n'avait rien vu, qu'il ne savait pas si c'était le bon ou le malin Esprit qui l'avait porté à mentir, qu'il voulait se retirer dans une communauté, que là, si on l'interrogeait sur la Salette, il répondrait qu'il n'avait plus rien à dire.

« Je lui dis qu'il fallait retourner dans son diocèse et tout raconter à son aumônier (curé, confesseur). Comme il ne me le promettait pas, je lui dis que je voulais au moins consulter auparavant mon évêque ; je demandai et pris son adresse pour lui écrire, s'il y avait lieu, afin qu'il vînt commencer sa confession. »

Voilà ce que me rapporta M. le curé d'Ars. Pour mieux m'assurer s'il n'y avait pas eu un malentendu, je lui parlai de la fameuse distinction : « L'enfant ne vous aurait pas dit avoir vu la sainte Vierge, parce qu'il ignore quel est le personnage de l'apparition, mais il n'aurait pas nié qu'il avait vu une dame qui lui aurait parlé tel ou tel langage et qui

1. Dans Rousselot, *Un nouveau sanctuaire* (p. 65), on lit avec étonnement : « Ces deux factums étaient sans valeur. La première pièce n'était qu'un *tissu serré* de mensonges et de paralogismes. La seconde commençait par *ces mots révoltants :* « On parle d'un voyage à Rome : pourquoi ne parlerait-on pas d'un voyage à Ars? » Comme si l'autorité d'un bon curé de village pouvait être mise en parallèle avec celle du Souverain Pontife romain ! Comme si, aux yeux de tout homme sensé, le voyage de Rome n'était pas l'anéantissement de celui d'Ars ! » — M. Cartellier a répondu à un récit par un récit : en quoi est-ce révoltant? En quoi aussi le voyage de Rome, où rien n'a été formellement décidé par l'autorité, peut-il anéantir celui d'Ars, où M. Vianney affirme que Maximin a menti?

avait disparu en s'élevant. — Du tout! me répondit M. le curé; l'enfant m'a dit n'avoir rien vu, absolument rien. Il s'est très bien expliqué et je l'ai bien compris. Voici en deux mots ce qu'il voulait : décharger sa conscience et cependant laisser croire à la Salette, parce que, me disait-il, ça fait du bien. »

J'avais entendu dire que M. le curé d'Ars était sourd : je lui ai trouvé, au contraire, l'ouïe très délicate.

On disait également que M. Raymond, vicaire, était tout dans cette affaire d'Ars. Il n'y est pour rien. Ce n'est pas lui qui a reçu les aveux de Maximin; il les a même ignorés pendant longtemps.

Ce que M. le curé d'Ars m'a dit à moi-même, il l'a dit, quant à la substance, à une infinité de personnes. Il a complètement déposé sa foi à la Salette depuis qu'il a vu Maximin. On sait combien il était croyant auparavant.

Il y a mille et une choses que l'on pourrait dire encore. Mais il ne s'agit ici que d'un voyage à Ars.

(Voilà ce qu'on a entendu raconter par M. Cartellier, curé de Saint-Joseph de Grenoble.)

Cette relation, très calme, produisit une grande impression sur l'esprit des retraitants. Membre de la commission de 1847, M. Cartellier avait fait, au cours des séances, des objections qui, à ses yeux, ne furent pas résolues. Le rapport Rousselot paraît : il en rédige une réfutation manuscrite, qu'il garde pour lui; il agit de même pour le deuxième et le troisième volume du même auteur; il communique même ses manuscrits à Mgr de Bruillard. On parle de l'incident d'Ars; il va voir M. Vianney et à son retour observe encore le silence; il rend publiques ses réflexions seulement après que l'abbé Rousselot a distribué aux retraitants le récit de son voyage à Rome.

Un journal de Grenoble, *le Patriote des Alpes*, reprit à ce sujet sa polémique des mois de janvier et de février précédents contre la Salette. M. Rousselot lui répondit, le 26 septembre, dans les journaux religieux de Paris et son article parut, le 4 octobre, dans *l'Ami de l'ordre ;* il y disait : Monseigneur prononce*ra* son jugement (du 19 septembre) quand le moment sera venu. Attaqué par lui, M. Cartellier assuma la responsabilité de son écrit et le publia dans trois journaux. Le 9, le chanoine Chambon, supérieur du Rondeau, lui répondit indirectement dans *l'Ami de l'ordre*.

Grenoble, 8 octobre 1851.

Monsieur le rédacteur,

Des conseils que je respecte m'invitent à écrire quelques mots encore sur les nouveaux conflits qui se sont élevés au sujet de la Salette. Je vous prie de vouloir bien me donner une petite place dans votre journal.

M. Cartellier, curé de Saint-Joseph, a publié le récit d'un voyage qu'il a fait auprès de M. le curé d'Ars, pour s'assurer du démenti que se serait donné à lui-même le petit berger de la Salette.

Il résulte de ce récit que M. le curé d'Ars déclare avoir entendu l'enfant avouer qu'il n'a rien vu. Assurément, c'est là une objection grave, qui aide à comprendre comment des personnes respectables peuvent, de bonne foi, refuser de croire à l'apparition de la Salette.

Je l'avouerai même : lorsque, pour la première fois, j'entendis parler de ce démenti, qu'on a depuis appelé l'incident d'Ars, ma croyance à l'apparition fut un moment ébranlée.

Mais il m'en coûtait d'abandonner une conviction qui m'était chère, parce qu'elle favorisait le culte de Marie. Je dus, par conséquent, m'appliquer à examiner avec la plus scrupuleuse attention toutes les circonstances de cet incident, et je dirai en toute simplicité le travail qui se fit dans mon esprit.

D'un côté M. le curé d'Ars déclare que l'enfant a tout désavoué; de l'autre l'enfant soutient qu'il n'a rien désavoué. Nous voilà, comme je l'ai déjà dit dans une première polémique, placés entre deux témoignages d'une grande inégalité au premier coup d'œil, et certainement, s'il n'y a rien de plus, toute notre confiance appartient au vénérable et saint curé d'Ars.

Mais il y a des circonstances qui viennent modifier ces deux témoignages, fortifier l'un et affaiblir l'autre.

D'abord l'enfant n'est pas seul; la petite bergère, qui est un ange de piété, n'a jamais varié, et elle soutient toujours ses premiers dires avec la même candeur et la même énergie.

De plus il y a de nombreux miracles en faveur de l'apparition. Il ne servirait de rien de dire qu'ils se sont pas tous suffisamment prouvés : il y en a de certains, il y en a d'authentiques, il y en a qui ont été examinés juridiquement et selon les règles des procédures canoniques. Or il faut bien avouer que ceux-là donnent une valeur immense au témoignage du petit berger.

Ensuite plusieurs évêques, réunis à Belley, ont examiné l'incident d'Ars avec une grande attention et ils ont conclu qu'il n'avait pas l'importance qu'on lui avait crue d'abord.

Enfin M. le curé d'Ars lui-même, écrivant sur cet incident à Mgr l'évêque de Grenoble, lui dit que le mal n'est pas grand et que, si Dieu est l'auteur du fait de la Salette, il saura bien le soutenir.

Ces paroles ne manifestent-elles pas évidemment de l'embarras et de l'incertitude dans l'opinion de M. le curé? Et n'est-il pas raisonnable de penser qu'il y a dans tout cela quelque triste malentendu, surtout quand l'enfant assure qu'il ne comprenait pas bien ce que lui demandait M. le curé d'Ars?

Ce qu'il y a d'obscur et de difficile à expliquer dans cette objection peut-il détruire les preuves d'ailleurs si considérables et si abondantes qui nous inclinent à croire?

Je déclare que non, pour mon compte, tout en respectant la bonne foi de ceux qui professent une opinion différente de la mienne.

J'ajouterai, sur l'ensemble du fait de la Salette, que Mgr l'évêque de Grenoble a envoyé deux délégués à Rome : M. Rousselot, vicaire général et professeur de théologie, et M. Gérin, curé de la cathédrale, et que ces messieurs ont trouvé auprès de Sa Sainteté, aussi bien qu'auprès de personnages très compétents et très recommandables, les plus précieux encouragements.

Et maintenant plus qu'un mot pour finir: je regrette vivement tous ces débats qui passionnent les esprits et qui ne peuvent qu'amoindrir la dignité et l'influence d'hommes respectables. Ce n'est pas l'opinion publique qui peut être juge des faits religieux, qu'elle apprécie toujours d'une façon plus ou moins rationaliste; l'évêque seul a mission et qualité pour cela, et si j'avais l'honneur d'être admis dans ses conseils, je l'engagerais à se réserver exclusivement à lui et aux commissions nommées par lui la discussion de cette affaire, et à défendre à tout ecclésiastique de rien publier pour et contre sans son autorisation.

De fait, le lendemain 10 octobre, Mgr de Bruillard envoya cette lettre à ses curés : « Je regrette avec tout mon clergé les conflits qui se sont élevés au sujet de la Salette. Ces discussions de la presse divisent les prêtres, scandalisent les fidèles et nuisent au bien des âmes, que nous ne pouvons opérer que dans l'union et la paix. Elles sont, d'ailleurs, de la part d'un prêtre, un empiétement sur mon autorité. Chacun, sans doute, peut adresser à son évêque ses vues et ses réclamations, mais lui seul a le droit de prononcer dans les questions religieuses. Je vois donc qu'il est de mon devoir d'intervenir et de mettre fin à toutes ces discussions, et *je défends expressément à tous les prêtres de mon diocèse de faire une publication directe ou indirecte sans une autorisation de ma part.* »

Un mois après, 10 novembre, avait lieu dans les églises de Grenoble la lecture du mandement. Celui-ci aggravait la circulaire du 10 octobre : il défendait « expressément *aux fidèles* et aux prêtres du diocèse de jamais s'élever publiquement, de vive voix ou par écrit » contre l'apparition de la sainte Vierge à la Salette.

Le 1er mai 1852, un second mandement de Mgr de Bruillard annonça la bénédiction solennelle et la pose de la première pierre du sanctuaire élevé au lieu de l'apparition, ainsi que la fondation d'un corps de missionnaires chargés de desservir le pèlerinage. La cérémonie fut faite, le 25 mai, par l'évêque de Grenoble, alors âgé de quatre-vingt-cinq ans, assisté de Mgr Chatrousse, évêque de Valence, au milieu de vingt mille pèlerins.

Quelques jours après des chansons autographiées contre la Salette, sans nom d'auteur ni d'imprimeur, accompagnées de notes, circulèrent dans le département de l''Isère. On prononça le nom de l'abbé Déléon. Le 16 juin l'évêque adressa à son clergé cette circulaire :

Messieurs et chers coopérateurs,

Nous vous le disions il y a peu de jours : en publiant notre jugement doctrinal sur la Salette nous avons fait ce que nous ferions encore, ce que nous estimons heureux d'avoir fait ; nous ne concevrons jamais comment quelques prétendus sages peuvent dire : s'il n'y avait pas eu de mandement il n'y aurait plus eu d'attaques, plus de difficultés ; comme si, pour mériter leur approbation, nous pouvions retenir la vérité captive ; comme si l'exemple de saint Paul n'avait pas dû nous servir de règle : *si hominibus placerem, Christi servus non essem;* comme si nous ignorions qu'il est dans la destinée de la vérité de souffrir contradiction et que le mal marche toujours à la suite et à côté du bien ; comme s'il était permis de trahir la vérité pour prévenir la haine qui s'attache à ses pas ; comme si, avec de tels principe de prudence humaine, la religion elle-même eût pu s'établir et se conserver parmi les hommes.

Ces réflexions, nos chers coopérateurs, à la vue du genre d'attaque dont l'événement de la Salette a été l'objet, nous paraissent de nature à rendre votre foi en l'apparition de la très sainte Vierge plus constante que jamais et inébranlable.

Aussi c'est sans étonnement, mais non sans une profonde douleur, que nous venons aujourd'hui, nos chers coopérateurs, vous signaler la sacrilège audace avec laquelle, au mépris de notre mandement du 19 septembre 1851, on fait pleuvoir au milieu de vous un déluge d'indignes et grossiers couplets contre le fait de la Salette : productions anonymes où les choses saintes sont insultées à la manière des impies et des hommes qui n'ont pas la foi ; où l'autorité que nous tenons de Dieu et de son Eglise est outrageusement vilipendée ; où notre conseil épiscopal et les membres les plus distingués de notre clergé sont horriblement injuriés ; où le Père commun des fidèles lui-même n'est pas respecté ; où enfin le mensonge et la calomnie le disputent à la bassesse des idées, à la grossièreté des termes, à la bouffonnerie du style. En lisant de pareilles pièces votre juste indignation a égalé l'amertume de votre cœur ; vous avez compris notre affliction et chacun de vous, j'en suis sûr, aurait voulu épargner cet affreux déboire à mes cheveux blancs et à mes vingt-six ans d'épiscopat.

Comme votre évêque, et avec votre évêque, nos chers coopérateurs, vous protesterez contre les assertions calomnieuses que renferment ces indignes couplets et contre les notes encore plus indignes qui les accompagnent; avec votre évêque vous protesterez contre la lâcheté d'une imperceptible minorité qui, dans l'ombre et sous le voile de l'anonyme, insulte à une croyance qui commande au moins le respect et qui l'a obtenu universellement; avec votre évêque vous protesterez contre les injures prodiguées à de vénérables prêtres que vous êtes habitués à regarder comme vos amis et vos modèles et dont quelques-uns furent vos maîtres; avec votre évêque vous flétrirez comme elle le mérite cette œuvre de ténèbres et d'iniquité; avec votre évêque vous détesterez un énorme scandale donné aux âmes chrétiennes, un triste sujet de triomphe pour l'impiété.

Mais aussi, avec votre évêque, vous plaindrez des hommes capables d'un oubli aussi étrange de toutes les règles de la vérité, de l'obéissance, de la justice, de la charité; avec votre évêque vous déplorerez les tristes effets d'un amour-propre froissé qui ne veut pas convenir de ses torts, qui ne veut pas reculer dans la voie où il s'est une fois engagé; avec votre évêque vous oublierez les insultes que l'on nous jette à la face, vous pardonnerez les injures que l'on nous fait à tous et enfin vous prierez, à l'exemple du divin Maître, pour ceux qui nous outragent, nous calomnient, nous persécutent : *Orate pro persequentibus et calumniantibus vos* (Matth., v, 44).

Notre charge de premier pasteur ne se borne pas à cette communication de nos pensées et de nos sentiments; elle nous impose un devoir pénible à remplir : celui de punir le coupable.

En conséquence, de l'avis de notre conseil, de notre chapitre et de plusieurs autres prêtres sages et éclairés, expressément convoqués à cet effet, nous déclarons ce qui suit :

Art. 1er. — L'auteur ou les auteurs des chansons et des notes contre la Salette, celui ou ceux qui les ont fait imprimer, si malheureusement ils sont prêtres, sont et demeurent frappés de suspens dès ce moment et par la présente circulaire, suspense à nous spécialement réservée et à nos successeurs.

Art. 2. — Les membres de notre clergé qui, à l'avenir, propageraient à dessein les écrits dont il s'agit seront frappés *ipso facto* de la même suspense, à nous aussi spécialement réservée. La même peine atteindra les auteurs, les conseillers, les propagateurs de tous écrits semblables.

Art. 3. — Nous nous réservons de prendre telle autre mesure ultérieure qu'il appartiendra contre les auteurs et les fauteurs de ces attentats à notre autorité dès qu'ils nous seront personnellement connus.

Art. 4. — Nous ordonnons de faire disparaître et de lacérer, comme elles le méritent, ces odieuses productions.

Ce n'étaient point seulement de misérables chansons qui attaquaient la Salette : si, le 30 juin 1852, l'évêque de Luçon publiait une lettre pastorale en faveur de l'apparition [1], le 6 août [2] on lisait dans une lettre circulaire du cardinal de Bonald, sous la rubrique *Miracles, prophéties, images* (p. 8) :

Dans les temps de perturbations sociales, des esprits religieux, du reste, mais impatients, voudraient en quelque sorte forcer Dieu à intervenir d'une manière visible. La Providence est trop lente à leur gré à se manifester ; ils veulent la devancer. Ils entendent des voix de l'Orient, des voix de l'Occident. L'effet produit par une cause naturelle qu'ils ne comprennent pas, ils le transforment en prodige et, sans plus d'examen, sans avoir recours à la sagesse des sages pour ne pas se laisser surprendre par de fausses apparences, ils proclament et veulent qu'on proclame avec eux la vérité d'un miracle fort contesté. Bientôt la spéculation, qui se mêle à tout aujourd'hui, s'empare de ce fait imaginaire ; elle l'exploite, dans un intérêt mercantile, aux dépens de la crédulité simple et naïve. Elle le reproduit de mille manières, et par la gravure, et par la peinture, et colporte ensuite dans les campagnes les médailles, les images qui en représentent la prétendue réalité.

Nous défendons de publier en chaire, sans notre permission, le récit d'un fait miraculeux, *quand bien même l'authenticité en serait attestée par un Évêque étranger*. Cette auto-

1. Parue dans *l'Univers*, 2 septembre.
2. Parue dans la *Gazette de Lyon*, 13 août.

risation, nous ne la donnerions qu'après avoir consulté le Souverain Pontife et avoir reçu de lui un rescrit qui serait pour nous une garantie de la vérité du miracle. Dans deux ou trois de nos paroisses, MM. les curés ont cru pouvoir *lire en chaire le mandement d'un évêque d'un autre diocèse, au sujet d'un miracle, sans nous avoir consulté : c'était là un acte irrégulier* [1].

Fait plus grave : à la fin d'août 1852, l'abbé Déléon, le principal opposant à la Salette, entre en scène sous le pseudonyme de Donnadieu et publie la première partie de *la Salette-Fallavaux ou la Vallée du mensonge :* « J'ai vu la Salette, affirme l'auteur (p. v) ; j'ai lu M. Rousselot et ses adhérents et ses contradicteurs ; j'ai parcouru une partie des lieux qu'il a visités ; j'ai interrogé amis et adversaires, je parle donc en connaissance de cause, et dans ma conviction, que je ferai partager aisément, rien n'est moins vraisemblable que l'événement de la Salette ; — rien n'est et ne peut être moins vrai que l'événement de la Salette ; — rien n'est et ne peut être plus déplorable que les moyens employés pour faire triompher, envers et contre tous, la Salette. » De fait, l'ouvrage, très mal composé, comme tous ceux de l'abbé Déléon, établit certains faits qui jettent quelque obscurité sur les détails de l'événement, mais ne prouve nullement que « les enfants n'ont rien vu ». Aussitôt (1er septembre) Mgr de Bruillard écrit à *l'Univers*, qui la publie le 4 [2], cette lettre :

Une brochure infâme, remplie d'allégations fausses, de suppositions fausses, d'assertions mensongères et d'injures

1. Le cardinal ne cite pas la Salette ; il n'est donc pas tout à fait exact de dire avec Déléon (*Dernier mot*, p. 370) : « Mgr de Bonald qui, le 6 août 1852, attribuait par mandement cette invention de la Salette à des marchands cupides... »

2. Déléon (*la Salette-Fallavaux*) dit à tort à la page 7 : « en lisant *l'Univers* du 7 septembre » et à la page 8 : « du 5 septembre ».

grossières contre le fait de la Salette et contre les personnes les plus respectables, vient de paraître à Grenoble.

Cet écrit est déjà qualifié d' « œuvre de ténèbres » par un de mes vénérables collègues.

Toute la critique que nous voulons en faire, c'est qu'il renferme autant de mensonges que de mots.

Le clergé et les âmes honnêtes le laisseront tomber dans l'oubli et le mépris qu'il mérite.

Plusieurs plumes en feront, au besoin, prompte justice.

Soyez assez bon pour publier cette lettre dans votre estimable journal. J'invite tous les journaux religieux à la reproduire.

Le numéro du 14 septembre[1] contenait une réponse plus longue de l'abbé Rousselot, datée du 3. L'auteur traite ces deux questions :

1º Sur quoi repose le fait de la Salette? 1er fondement : « Les enfants ne sont ni trompeurs ni trompés. Ils ne sont point *trompeurs*, parce qu'ils n'ont pu inventer leur récit, ni les circonstances qui accompagnent leur récit ; ni concerter entre eux leur récit ; ni convenir entre eux des réponses à faire quand ils seraient interrogés séparément ; ni prévoir les milliers d'interrogations qu'ils auraient à subir ; ni s'imposer un secret, ni se donner la force de le garder inviolablement en tout temps, en tout lieu, à l'égard de tous. Ils ne sont point *trompés :* ils n'ont été les dupes d'aucune mystification, d'aucune jonglerie, naturellement explicable. »

2e fondement : « Avant et après l'incident d'Ars des miracles vrais et bien attestés, publics et éclatants, se sont opérés en divers lieux et sur divers malades par l'intercession de la sainte Vierge invoquée sous le nom de Notre-Dame de la Salette. »

2º Mgr l'Evêque de Grenoble a-t-il pu se prononcer

1. Et non du 11 septembre, comme le dit Déléon (*la Salette-Fallavaux*, pp. 8, 184).

sur ce fait? Oui, le concile de Trente le lui permet, et cela sans recourir ni au métropolitain, ni au concile provincial, ni au pape.

De son côté l'abbé Déléon envoya un article à *l'Univers*, qui refusa avec raison, à cause d'un alinéa, de l'insérer [1] :

Mon livre, disait l'auteur en s'exagérant la documentation du pamphlet, n'est pour ainsi dire qu'un livre de faits; on n'a pas osé entreprendre d'en réfuter un seul. On trouve plus commode de me charger d'anathèmes : des injures ne sont pas des raisons et n'éclairent personne.

Je maintiens la vérité de tout ce que j'ai avancé; j'en offre la preuve régulière le jour où l'on voudra l'accepter.

Simple laïque, je crains peu les interdits de Mgr de Grenoble, dont il est si facile de surprendre la volonté, vu son âge avancé. *Etranger à son diocèse*, ses foudres ne sauraient m'atteindre. Ce n'est point d'ailleurs par la force qu'on impose la foi. Je poursuis donc une œuvre de conscience qui peut devenir aussi une œuvre de courage. La seconde partie de mon livre serait déjà sous presse si les nombreux renseignements qui m'arrivent chaque jour ne m'avaient jusqu'ici forcé d'en retarder la publication.

Mgr de Bruillard soupçonnait, non sans motifs, l'abbé Déléon d'être Donnadieu. Le 12 septembre 1852, à la fin de la retraite pastorale, il revint sur la brochure : « Plaise à Dieu, dit-il à ses prêtres, que ce ne soit pas dans les rangs de mon clergé ! Mais si c'est dans son sein que se trouvent les coupables, et s'ils ne sont déjà sous le coup de quelque sentence épiscopale, nous renouvelons contre eux les peines portées par notre circulaire du 16 juin, c'est-à-dire la suspense *ipso facto* avec toutes les clauses qui suivent, et, s'ils publient ou contribuent à faire publier encore quelque chose de pareil, nous les frappons d'excommunication comme coupables de semer le

1. Il est cité *in extenso* dans Donnadieu (*la Salette-Fallavaux*, II, pp. 8-10).

scandale parmi les fidèles, la division dans le clergé et la révolte contre l'autorité épiscopale, excommunication encourue par le seul fait et réservée à nous et à nos successeurs personnellement. »

Ces incidents attristèrent la fin de ce long épiscopat : en octobre 1852 Mgr de Bruillard, âgé de quatre-vingt-sept ans, donna sa démission et se retira à Montfleury, près de Grenoble, chez les dames du Sacré-Cœur : son successeur était l'abbé Ginoulhiac.

Dans *la Conscience d'un prêtre*, l'abbé Déléon a prétendu que Mgr de Bruillard avait tour à tour offert sa succession à l'abbé Plantier et à l'abbé Dissandes de Bogenet, avec charge de soutenir l'œuvre de la Salette, mais que tous deux avaient refusé parce qu'ils ne croyaient pas à l'apparition. Le 24 mai 1857, l'abbé Plantier, devenu évêque de Nîmes, interrogé à ce sujet par M. Auguste Nicolas, avocat à Marseille, répondit : « Les bontés de Mgr de Bruillard ont été parfaites pour moi, mais il ne m'a jamais offert l'évêché de Grenoble à condition que je soutiendrais et que je continuerais l'œuvre de la Salette ; jamais, de mon côté, je n'ai refusé cette proposition par le motif que je ne croyais pas au miracle : tout ce qu'on en a dit n'est qu'un rêve ou le mensonger écho d'un bruit sans fondement. » Le même jour, l'abbé Dissandes de Bogenet, alors vicaire capitulaire de Limoges, écrivait au même : « Depuis le mois d'août 1847, où j'ai fait le pèlerinage de la Salette, où j'ai entendu le récit de l'événement sur les lieux, et où j'ai adressé aux deux enfants toutes les questions propres à m'éclairer, j'ai toujours été convaincu de la réalité de l'apparition. »

Une polémique s'engagea en 1872 entre l'abbé Déléon et Mgr Ginoulhiac, devenu depuis deux ans archevêque de Lyon, au sujet de la succession au siège de Grenoble

(*Dernier mot*, pp. 294-314, avec une longue parenthèse de 12 pages). Voici ce que nous apprend le mandement de Mgr Ginoulhiac du 19 septembre 1857 (pp. 28-37) : la première lettre de Mgr de Bruillard à l'abbé Ginoulhiac est du 3 juin 1852 ; le 23 septembre, l'évêque demande avec insistance au même de « lui déclarer clairement sa pensée sur le fait de la Salette » ; le 1er octobre l'abbé répond : « En ce qui concerne le fait de la Salette, je ne l'ai pas étudié..., mais, *alors même qu'on pourrait sans témérité contester le fait de l'apparition*, il nous est évident que votre successeur devra à l'Eglise et à lui-même de poursuivre la double œuvre de l'érection du nouveau sanctuaire et de la congrégation établie à cette occasion. »

L'abbé Ginoulhiac croyait-il à l'apparition divine de la Salette? Non, peut-être[1]. En tous cas il observa, au début de son pontificat, une grand réserve. Son attitude ne désarma point les opposants; en mars 1852, deux mois avant l'entrée solennelle du nouvel évêque, Donnadieu publiait la deuxième partie de *la Salette-Fallavaux ;* au milieu de septembre 1854 parurent deux ouvrages en un seul : *la Salette devant le Pape*, dû à la plume du même abbé Déléon, *Mémoire au Pape sur l'affaire de la Salette*, œuvre de M. Cartellier, curé

1. Déléon (*Dernier mot*, p. 297) cite deux faits : 1° le 23 octobre 1854, l'abbé Garnier (v. p. 98) lui écrivait : « Il se trouvait dans la même réunion, chez le digne abbé Caron, curé à Paris, un abbé Gay, intimement lié avec l'évêque de Limoges (Mgr Buissas). Or cet évêque a dit, il y a un mois, à l'abbé Gay que l'évêque actuel de Grenoble ne croyait pas à la Salette; il le tenait formellement de Mgr Ginoulhiac lui-même»; 2° le 23 mai 1855 Mgr Darcimolle, archevêque d'Aix, diocèse de Mgr Ginoulhiac, dit aux évêques de Bordeaux, Avignon, Turin, Digne et Gap, réunis à Gap pour le couronnement papal de Notre-Dame de Laus, que l'abbé Ginoulhiac « s'était montré constamment à Aix l'adversaire le plus prononcé du fait de la Salette; il ne savait pas comprendre et expliquer le patronage qu'il lui donnait depuis qu'il était devenu l'évêque de la Salette ».

de Saint-Joseph. A cause du bruit que firent les deux ouvrages il faut s'y arrêter.

Dans la première quinzaine de juillet 1854, peu avant l'impression du *Mémoire*, M. Cartellier se rendit à Lyon avec trois prêtres pour prier le cardinal de Bonald, métropolitain, de transmettre au Pape ce *Mémoire*, « œuvre de 54 prêtres » ayant l'abbé Cartellier pour secrétaire-rédacteur. Suivant l'ordre du cardinal, le curé de Saint-Joseph avertit Mgr Ginoulhiac de l'envoi. Le 17 juillet, deux jours après la remise du *Mémoire* à l'imprimeur, M. Cartellier écrivait à l'un de ses trois compagnons, l'abbé Joseph Déléon, archiprêtre de Meyzieu et frère de l'opposant :

> Il s'agit maintenant de savoir ce que le cardinal veut faire... Voici la question : Mgr de Bonald n'envoie-t-il pas le *Mémoire ?* S'il l'envoie, quand ? La connaissance de ces deux points est nécessaire pour que M. Déléon se détermine d'abord pour l'envoi du *Mémoire* aux évêques ; plus tard, pour la publication de son livre. Ce n'est que lorsqu'il saura ce que l'on veut faire à Lyon qu'il pourra choisir le moment de faire successivement ces deux choses qui sont de nature très secrète et qu'on ne veut pas laisser deviner ; pour en revenir à la mission dont il s'agit auprès de l'archevêque, ayez donc la bonté de vous mettre en mouvement, faites-le de la manière que vous croirez la meilleure, seul ou avec M... Voyez s'il est bon de faire intervenir des laïcs. Le livre de M. Déléon et le *Mémoire* du Pape, M. Déléon et moi ne faisons qu'une chose ou une personne. »

Le 25 juillet commençait l'impression de *la Salette devant le Pape*. Au milieu d'août paraissait le *Mémoire:* l'autorité ecclésiastique ne bougea pas. Au milieu de septembre c'était le tour de *la Salette devant le Pape:* dans les quarante-huit heures, l'abbé Déléon était cité devant l'officialité (23, 25, 27 septembre). Mgr Ginoulhiac divisait la difficulté pour mieux en triompher : non seulement il distinguait les deux cas, mais encore il obligeait, sous peine d'interdit, le curé de Saint-Joseph à poursuivre son collaborateur pour publication abusive de son *Mémoire*.

Le 25 septembre, en effet (Déléon, *Lettres à Jules Favre*, pp. 53-63, reproduites dans *Dernier mot*, pp. 161-170), l'abbé Cartellier présentait une requête au président du tribunal civil en autorisation d'assigner l'abbé Déléon à bref délai.

1° Le *Mémoire au Pape*, exposait-il dans sa longue requête, revêtu de l'adhésion formelle d'un certain nombre de ses confrères, a été remis par l'exposant au métropolitain pour être transmis à Rome, mais sans bruit et sans éclat.

2° Dans sa quiétude profonde, résultant de cette précaution, l'exposant a appris l'impression, la publication de son *Mémoire*, pour lequel il revendique son droit de propriété exclusive et, de plus, il a appris que ce *Mémoire* était annexé à l'ouvrage *la Salette devant le Pape*...

Un fait aussi énorme a autant étonné l'exposant qu'il l'a profondément affligé. Il en a été étonné parce qu'il sait que nul n'a le droit de publier l'œuvre d'autrui qu'avec le consentement de son auteur, et ce consentement, l'exposant ne l'a jamais donné ni directement, ni indirectement; il ne lui a même jamais été demandé; il en a été promptement affligé, parce que cette publication, dont lui seul devait être juge de l'opportunité, de l'utilité ou de la convenance, l'a placé dans la nécessité de sortir de l'obscurité où il voulait demeurer pour venir revendiquer son œuvre, son droit de propriété.

Par les motifs et considérations énoncés au commencement de la requête... l'exposant recourt à ce qu'il vous plaise, monsieur le Président, vu l'exposé ci-dessus et l'urgence, lui permettre de faire assigner à bref délai M. l'abbé Déléon, à l'effet d'entendre prononcer :

1° Que le *Mémoire au Pape* est l'œuvre de l'exposant et sa propriété exclusive et qu'il n'a donné aucune autorisation pour le publier...

2° Que M. Déléon, sans la participation ou consentement de l'exposant, n'a pas eu le droit de faire réimprimer ce *Mémoire*, de le joindre à son livre et d'en faire la publication ainsi incorporée à son ouvrage, soit comme pièce justificative, soit à tout autre but; et ce, nonobstant la publication précédente, puisque cette première publication, qui n'a précédé que de quelques jours, était faite en violation, en abus et en usurpation du droit de propriété de l'exposant.

3o Qu'en conséquence défenses lui seront faites de continuer la publication et l'impression du *Mémoire* dont il s'agit, soit en ouvrage détaché, soit annexé ou incorporé à son ouvrage ou à tous autres.

4o Que tous les exemplaires tirés et imprimés des deux éditions seront remis à l'exposant; autoriser ce dernier à faire saisir, partout où il les trouvera, les exemplaires qui auraient été livrés ou distribués, le tout aux frais de M. Déléon, sauf à lui à détacher, s'il le veut, le *Mémoire* de son ouvrage et à faire disparaître de cet ouvrage le titre et tout ce qui se rapporte au *Mémoire* dont il s'agit, revendiqué par l'exposant.

5o Pour s'entendre condamner, par corps, en tels dommages que l'exposant se réserve de fixer au jour de l'audience et en tous les dépens, sous réserve expresse de tous droits et actions contre celui ou ceux qui seraient reconnus avoir remis la copie du *Mémoire* à l'imprimeur et en avoir commandé ou l'impression ou la distribution; sous réserve encore de changer ou d'additionner les conclusions ci-dessus, en tout état de cause.

Que l'abbé Cartellier ait été amené à ces poursuites sur l'ordre de Mgr Ginoulhiac, c'est ce qui ressort de l'intimité qui existait entre les deux auteurs, de leur collaboration en commun, de la phrase citée : « Le livre de M. Déléon et le Mémoire au Pape, M. Déléon et moi ne faisons qu'une chose ou une personne », et surtout de cette lettre écrite, le 30 décembre 1854, par M. Cartellier à l'abbé Joseph Déléon, à la suite de nombreuses instances de ce dernier :

Il faut d'abord que je confesse mes torts ; je suis vraiment trop en retard avec vous... Ce qui fait surtout que j'ai tardé à vous écrire, c'est que je voulais voir la fin d'une affaire qui me préoccupait ; je veux parler de ce fameux procès *que Monseigneur m'avait ordonné, sous peine d'interdit, d'intenter à M. Déléon*... M. Déléon, dans le commencement, était fâché de cette action; la chose me répugnait à moi, et surtout je ne voulais rien faire qui le fatiguât. Je lui dis donc que j'étais disposé à me laisser interdire plutôt que de l'actionner. Il ne voulut pas se laisser placer dans cette situation et préféra le procès. Les assignations furent données; un second pas fut fait, et il y eut constitution d'avoués. Ce second pas, dans ma pensée, devait être le dernier, et je l'annonçai à M. Déléon. Je lui dis que j'espérais que Monseigneur se désisterait et que, si je ne pouvais obtenir qu'il se désistât, je me laisserais interdire; que, dans aucun cas, le procès n'irait à terme. Je pris mes moyens. Monseigneur se désiste. Il faut dire que M. Déléon eut la bonté de m'offrir de me venir en aide; il me proposa de parler lui-même à Monseigneur, mais la chose était déjà faite ou presque faite. Agissant avec la permission de Monseigneur, je fais signifier mon désistement; M. Déléon le refuse... La détermination a été fixe. M. Déléon, quoique je l'en aie prié, n'a pas voulu accepter mon désistement; même à présent qu'il a le procès Lamerlière et que le procès avec moi devient inutile, il ne l'a pas abandonné, du moins en apparence. Je dis que le procès avec moi est inutile, parce qu'il ne conduirait pas au but que M. Déléon veut atteindre : les débats seraient étouffés; on demanderait à M. Déléon: Que voulez-vous? Il répondrait qu'on l'a insulté dans l'assignation, que je l'ai accusé d'avoir usurpé ma propriété; on lui répondrait qu'en me désistant je répare l'offense... »

Dans l'intervalle, le 30 septembre, Mgr Ginoulhiac condamnait dans un mandement le livre *la Salette devant le Pape* « comme contenant, d'une part, des propositions respectivement erronées, téméraires, scandaleuses, subversives de l'ordre et du gouvernement ecclésiastique, sentant le presbytérianisme et le favorisant; d'autre part, comme contenant aussi à l'égard de son prédécesseur et de prêtres respectables du diocèse des allégations et imputations de faits qui constituent, au sens des canons de l'Eglise, une véritable diffamation » ; il défendit encore « à tous les fidèles du diocèse de lire ce livre, de le garder et de le propager sous peine d'excommunication ».

Ce mandement fut complété par la très longue et très importante instruction pastorale du 4 novembre 1854 [1], relative au *Mémoire*. Le prélat rappelait d'abord les faits : le document manuscrit et anonyme, adressé directement au pape, avait été aussitôt publié, au vif mécontentement de Pie IX ; puis il développait fortement trois points : réticences du *Mémoire* sur les premières relations et l'incident d'Ars ; assertions fausses sur les deux enfants, les miracles, Mlle de Lamerlière, allégations injurieuses pour Mgr de Bruillard et certains prêtres ; enfin insinuations malveillantes. A ces causes, l'évêque condamnait le *Mémoire*, défendait à tous les prêtres de le lire, de le garder, de le prêter ou de le répandre ; espérant que l'auteur donnerait l'exemple d'une soumission louable, il se réservait de statuer à son égard ce qu'il appartiendrait.

Le 18 janvier 1855, en effet, l'abbé Cartellier fut assigné à comparaître devant l'officialité ; après une troisième citation il recourut au métropolitain de Lyon ; enfin, menacé d'interdit, il envoya à l'évêque cette lettre :

Grenoble, 26 février 1855.

Monseigneur,

Je viens déposer aux pieds de Votre Grandeur la déclaration suivante :

1° En attaquant le fait de l'apparition je n'ai pas voulu attaquer la dévotion de la Salette.

2° J'obéirai exactement au mandement du 4 novembre dernier et je ne chercherai pas à propager mon Mémoire.

3° J'accepte avec une humble soumission la condamnation de mon Mémoire. Je veux me soumettre à tous les actes d'administration de mon évêque.

4° Les faits qui se trouvent dans mon Mémoire, je les ai rapportés de bonne foi ; mais je désavoue et je condamne tout ce qui est faux et inexact, tout en conservant mon opinion sur la Salette.

1. 48 pages. — Les mandements du 30 septembre et du 4 novembre sont cités par Bertrand, *Documents*, pp. III-119, 120-174.

Je désavoue, déplore et condamne les expressions qui, dans mon Mémoire, ont pu contrister Mgr de Bruillard et tous les prêtres que Monseigneur a en vue dans son Mandement.

Suivant l'abbé Déléon (*Lettres à Jules Favre*, p. 67), il termina sa déclaration par cette phrase : « Je me suis déclaré contre le fait de l'apparition de la sainte Vierge à la Salette et je maintiens mon opinion. »

Un double procès résulta du mandement du 4 novembre : Mlle de Lamerlière, mise incidemment en cause, poursuivit séparément, d'un côté les abbés Déléon et Cartellier, de l'autre Mgr Ginoulhiac. Les premiers procès firent un bruit énorme.

V

LA FABLE LAMERLIÈRE

1853-1857

RÉSUMÉ. — 1° En mars 1853 l'abbé Déléon affirme que la « belle dame » n'est autre qu'une pieuse demoiselle de 56 ans, petite et obèse, Mlle de Lamerlière; la thèse, très audacieuse, ne s'appuyait pas à des preuves solides. — 2° Dans son mandement du 4 novembre 1854 Mgr Ginoulhiac, réfutant ces dires, met en cause Mlle de Lamerlière; celle-ci le cite devant le Conseil d'Etat et est déboutée (5 mars 1855); en même temps elle intente un procès pour diffamation aux abbés Déléon et Cartellier, mais, malgré son bon droit, est condamnée à Grenoble en première instance (2 mai 1855), puis en appel (6 mai 1857).

I. — Apparition de la fable.

Au mois de mars 1853 paraissait le second volume de *la Salette-Fallavaux* par Donnadieu. Là (pp. 142-164) se lisait pour la première fois cette affirmation, que la dame de l'apparition était Mlle de Lamerlière [1].

1. Constance Ferréol de Lamerlière, née à Saint-Marcellin (Isère) le 2 janvier 1790, avait 56 ans en 1846. En 1825-1826, religieuse de la Providence sous le nom de sœur Stéphanie de Jésus, elle est, à Corenc, maîtresse des novices et dirige sœur Thècle, qui plus tard, supérieure de la maison de Corps, élèvera Mélanie et Maximin. La supérieure générale s'inquiète de son exaltation mystique : sortie de la maison de Corenc, Mlle de Lamerlière se fait admettre dans la maison de Saint-Pierre, à Grenoble, dont M. Rousselot est directeur; plus tard son beau-frère, le colonel de Luzy, trouvant qu'elle se livrait à des excès de prodigalité, veut lui faire donner un conseil judiciaire. Après l'apparition de la Salette elle se retire chez M. Mazet, à Tullins, d'où elle rayonne dans les pays voisins, qu'elle évangélise. En novembre 1847 elle cède à sa famille, moyennant une rente viagère, toutes ses propriétés. En 1848 on la retrouve à Grenoble;

« C'est, écrit Donnadieu, le droit de donner une explication naturelle que je viens exercer, et *le monde catholique y applaudira, car le monde catholique veut avant tout la vérité.* Dans les premiers jours de la chasse en 1846 la diligence de Valence à Grenoble recueillait à Saint-Marcellin une demoiselle d'un âge mûr. Les voyageurs étaient nombreux déjà, et force fut à la dernière venue de partager avec le conducteur Fortin le modeste cabriolet qui surmontait la voiture. La voyageuse avait pour tout bagage un carton dans lequel étaient renfermés ses effets... » Elle raconte alors au conducteur qu'un de ses proches parents vient d'obtenir un grade supérieur dans l'armée d'Afrique et qu'elle-même va bientôt s'illustrer dans les montagnes par une action d'éclat. En effet, elle connaissait la Salette, où elle avait loué un chalet peu auparavant : elle s'est donc montrée aux enfants revêtue du costume étrange apporté dans le carton. Elle parle d'abord en français, puis, s'apercevant qu'elle n'est pas comprise, use du patois de Corps, dont elle avait saisi quelques mots pendant son court séjour dans le pays. Enfin, profitant d'un nuage qui s'avance vers le

la révolution de février fait fermenter les têtes : la chambre très modeste que Mlle de Lamerlière occupe rue Saint-Laurent, puis à l'hôtel du Gouvernement, devient chaque jour le rendez-vous d'ouvriers et de soldats, auxquels elle adresse des sermons. Elle fréquente les clubs, y prend la parole, harangue la foule au coin des rues, juchée sur des tonneaux, place de la Cimaise, ou sur une borne, près de la vieille halle. Aux observations qu'on lui adresse elle répond : « Je fais de la démocratie pour sauver la religion ; j'abrite mes prédications derrière une crèche, parce que Jésus, Marie, Joseph peuvent seuls protéger la France ; je le sais : j'ai une mission, je n'y faillirai pas. » Après diverses pérégrinations elle se fixe définitivement à Cras, près Tullins. Elle a pour gîte une chaumière composée d'une seule pièce ; sur la façade extérieure on lit en gros caractères : « Au petit Bethléem » ; à l'intérieur est un caveau transformé en crèche : enfant Jésus, sainte Vierge, saint Joseph, bœuf, âne, rien n'y manque. Elle y mène une vie de prières et de prédications. Enfin, affaiblie au physique et au moral, elle s'établit près de sa famille, à Roybon, où elle meurt le 21 mars 1868, à 78 ans, laissant la réputation d'une exaltée.

tertre au bas duquel elle se trouve, elle se dirige vers le sommet, et, enveloppée dans un autre nuage perpendiculaire qui dérobe successivement sa tête, son corps, ses pieds, elle disparaît en glissant vers le versant opposé.

Telle est l'*explication* de l'apparition.

Quant aux *preuves* précises, elles abondent [1] :

1° Peu de jours après le 19 septembre 1846, Mlle de Lamerlière est allée au pèlerinage de Notre-Dame du Laus (Hautes-Alpes), y a logé chez les religieuses, s'est montrée à une domestique dans le costume de la Salette et s'est échappée sans qu'on puisse la rejoindre (p. 144).

2° Au bout de quelques mois le conducteur Fortin, se trouvant à Tullins, chez M. Mazet, aperçoit des médailles de la Salette ; à cette vue il lève les épaules et dit : « La Salette est un tour de Mlle de Lamerlière » ; au même moment celle-ci survient et aux questions de Mme Mazet se contente de répondre : « Il ne faut pas croire ce que dit le conducteur, cela ferait du mal à la religion » ; mais quelques jours après, seule avec Fortin et sur l'insistance de ce dernier, elle fait un demi-aveu : « Il vous est permis à vous, Fortin, de ne pas croire, mais laissez donc croire les autres ; cela fait du bien à la religion » (pp. 145-146).

3° Elle a montré le costume de la Salette à M. Génard, marchand d'ornements d'église ; elle s'est même revêtue, devant Mme Carra, hôtelière près de la porte de France, des différentes parties de ce costume (pp. 150-151).

4° Maximin a fait des aveux complets à M. Filiole, négociant de Grenoble, qui le prit dans sa voiture allant de la Salette à Corps, en décembre 1848.

1. Nous réunissons ici les arguments donnés à ce sujet dans *la Salette-Fallavoux* et ceux qui les complétèrent successivement dans les autres ouvrages de l'abbé Déléon.

5° Mlle de Lamerlière elle-même a été non moins catégorique avec Mme de Monière, qui rapporta ses dires à M. Berthier, vicaire général, en décembre 1846, et à l'abbé Burnoud, ancien supérieur des missionnaires de la Salette.

Que valent et l'explication et les preuves?

Le conducteur Fortin n'a pu prendre, en 1846, Mlle de Lamerlière sur l'impériale de sa diligence : d'après la déclaration faite le 30 juillet 1857 par M. Gruizard, entrepreneur des voitures publiques de Valence à Grenoble, il n'est devenu conducteur de la diligence qu'en 1849; auparavant, même accidentellement, il n'avait jamais conduit la voiture de Saint-Marcellin à Grenoble.

Mlle de Lamerlière n'a pu, en 1846, annoncer que son proche parent avait obtenu un grade supérieur dans l'armée d'Afrique : en 1846-1847 son beau-frère, le lieutenant-colonel marquis de Luzy, duquel seul il peut s'agir, tenait garnison à Lyon et il ne devint général de brigade, en Algérie, que huit ans plus tard (1853).

Le « chalet » de la Salette n'a jamais existé; de plus Mlle de Lamerlière n'eût pu y parvenir le 19 septembre 1846 avec son carton sans être remarquée à Corps et surtout à la Salette; en réalité, elle n'a connu cette montagne que lors de son premier pèlerinage, le 16 juillet 1848, quand elle fut guidée par un habitant de Saint-Michel-en-Beaumont, lequel certifie avoir eu mille peines à lui faire atteindre en deux jours le sommet :

Je soussigné, Louis Munier, propriétaire, domicilié à Saint-Michel-en-Beaumont, canton de Corps (Isère), déclare, pour rendre hommage à la vérité, que, revenant de la Mure avec ma voiture chargée, j'ai trouvé en route, le quinze juillet mil huit cent quarante-huit, Mme Constance Saint-Ferréol de Lamerlière et Mlle Marie Bertin, sa suivante. *Mme de Lamerlière me dit qu'elle n'était jamais allée à la Salette;* elle me demanda le chemin; moi, je lui dis que je le savais bien. Elle me demanda de suite que je la misse sur ma voiture, ce que je fis, et je la menai sur ma voiture jusqu'à mon domicile à Saint-Michel. Elle coucha chez M. le curé Gautier, et le lendemain matin, seize juillet, je la fus prendre chez M. le curé Gautier, et je l'ai accompagnée jusqu'à Notre-Dame de la Salette. Le chemin étant mauvais, elle était toujours dans la crainte de se précipiter; *il me fallait toujours la mener par la main. J'eus bien de la peine;* elle ne pouvait entendre d'autre parole que la prière continuelle de la récitation du saint rosaire. De Notre-Dame de la Salette je l'ai réaccompagnée jusqu'à la Mure, le dix-sept juillet mil huit cent quarante-huit. J'atteste la vérité de ma déclaration.

Le neuf mai mil huit cent cinquante-six.

Louis MUNIER.

Mlle de Lamerlière, petite, ramassée, obèse, âgée de 56 ans, ne ressemble nullement à la dame de l'apparition, grande et mince. Donnadieu n'explique point non plus comment son héroïne eût pu dégager de sa personne une lumière si brillante qu'elle remplissait le ravin, ni s'élever à 1 mètre 50. Pour le langage Donnadieu se condamne lui-même : « Mlle de Lamerlière, dit-il (p. 159), est des environs de Saint-Marcellin; le patois de ce pays n'a pas de rapport avec celui de Corps, qui est un provençal corrompu. Elle a saisi quelques mots pendant les jours qu'elle a passés dans le pays avant le 19 septembre; ces mots lui suffisent pour qu'elle puisse continuer en patois le discours qu'elle a commencé en français dès qu'elle s'aperçoit que les enfants ne peuvent pas assez la comprendre ». *Quelques mots* ne pouvaient « suffire » pour prononcer couramment le discours patois. La disparition par « la pente inclinée qui était du côté opposé où se trouvaient les deux bergers » (p. 159) n'est pas moins inadmissible : quiconque a vu le lieu de l'assomption, petit monticule très peu élevé, a constaté l'absence totale de « pente inclinée »; d'ailleurs les enfants étaient tout près de la dame. Comment croire enfin à ce nuage perpendiculaire qui enveloppe l'apparition, mais non les enfants, et cela par un soleil radieux?

Les preuves ne valent pas mieux que l'explication.

1° Le supérieur des missionnaires et des religieuses de Notre-Dame du Laus a déclaré formellement que ni en 1846, ni durant les sept années qu'il a desservi le sanctuaire du Laus, on ne lui avait parlé d'une dame s'étant montrée au Laus dans le costume de la Salette.

2° M. Mazet, de Tullins, a signé en 1852 une attestation d'après laquelle il déclare catégoriquement que « jamais il n'a eu de conversation avec le prétendu conducteur et Mlle de Lamerlière au sujet du fait de la Salette, qu'il n'a jamais vu les médailles dont on parle et que les assertions de la brochure de *la Salette-Fallavaux* sur ce point ne peuvent être qu'une plaisanterie de la part de son auteur ».

Contre cette déclaration très nette et contre celle de Gruizard (*supra*, p. 133) ne peut prévaloir l'attestation suivante (*Affaire de la Salette*, p. 232; reproduite dans *Dernier mot*, p. 186) envoyée à l'abbé Déléon par M. Chavanne, négociant à Tullins, résidence de Fortin : « Je m'empresse de répondre à votre lettre et de vous envoyer une attestation que Fortin n'oserait pas signer, dans la crainte de perdre sa place; il persiste aussi résolument que jamais à affirmer que *tout ce que vous avez dit sur ces rapports avec Mlle Lamerlière est l'exacte vérité*. Il voulait même, dans le temps, écrire au *Siècle* pour le prier de démentir les dénégations qu'on lui attribuait. Il s'était ravisé par une prudence qui est bien excusable. » La lettre renfermait ce certificat : « Les soussignés attestent que M. Fortin a constamment affirmé que tout ce que M. Déléon a écrit sur ses rapports avec Mlle Lamerlière est parfaitement exact et que dernièrement M. Fortin témoigna en leur présence son indignation à la nouvelle, qu'il avait apprise, et que l'on avançait, qu'il avait démenti ses premières déclarations. En foi de quoi nous avons signé la présente attestation. Chavanne, Billard, Boullier, Masson, maire. »

3° M. Génard affirmait par écrit le 5 décembre 1856 : « Je déclare que dans le courant de l'année 1848 Mlle de Lamerlière est venue chez moi avec un carton renfermant divers objets brodés au point d'Espagne qu'elle voulait faire modifier. Je ne pus m'en charger et la renvoyai, pour ce travail, à Mlle Meunier, rue des Prêtres. C'est la seule fois que j'ai vu Mlle de Lamerlière, et bien après l'apparition de la Salette. Je déclare, en outre, que jamais elle ne m'a parlé de l'apparition; jamais elle ne m'a demandé ni montré un costume approchant de celui de Notre-Dame de la Salette. » Les époux Carra ont certifié, par acte authentique, qu'en 1846 ils n'étaient pas aubergistes, qu'ils ne sont venus à l'hôtel de la Porte de France qu'en 1847 ; que jamais, avant cette date, ils n'avaient vu Mlle de Lamerlière ou entendu parler d'elle, et qu'elle n'est venue loger chez elle qu'en 1850 au plus tôt.

4° En décembre 1848, M. Filiole ne pouvait aller en voiture de la Salette à Corps par le chemin de chèvre qui existait alors : la route actuelle date de 1851 et, cette année-là, ne dépassait même pas la chapelle de Notre-Dame de Gournier.

5° Le récit attribué à Mme de Monière parut après la mort de cette dame, et M. Berthier, un opposant de la première heure, n'en a rien dit. Mais le récit importe peu; vu le caractère de Mlle de Lamerlière, on n'est point surpris qu'elle ait parlé plus d'une fois de la sorte. De telles confidences sont indéniables, mais toutes ont eu lieu après l'apparition. Voici, entre autres, deux lettres adressées à l'abbé Déléon qui établissent le fait (*Affaire de la Salette*, p. 245 ; reproduites dans *Dernier mot*, p. 187) :

Tullins, 28 février 1855.

Monsieur,

Je m'empresse de vous faire part de ce qui m'a été dit, il y a quelques jours. Mlle Lamerlière aurait confié à M. Vial, ancien greffier du tribunal de Saint-Marcellin, que c'était elle qui était apparue aux enfants de la Salette. J'ai de suite chargé mon gendre, M. Brunier, de Saint-Marcellin, de voir M. Vial et d'obtenir une déclaration par écrit. M. Vial lui a dit qu'il était vrai que Mlle Lamerlière, il y a un an ou un an et demi, lui avait dit qu'elle avait fait deux petits Bethléem à Saint-Marcellin, et que c'était elle qui était apparue aux enfants de la Salette, mais, étant trop bien avec Mlle Lamerlière, il ne voudrait pas donner cette déposition par écrit.

CHAVANNE.

Mon cher ami,

Vous me croyez mort ; l'amitié ne meurt pas. Vous dire l'intérêt que j'ai mis à suivre votre lutte, tout le plaisir que j'ai éprouvé de votre triomphe, est chose inutile. Ecoutez. La semaine dernière, M. Vial, avocat, ancien greffier du tribunal de Saint-Marcellin, a dit en ma présence et devant trois personnes responsables que je pourrais indiquer au besoin : « Il y a 4 ou 5 ans Mlle Lamerlière m'aborda dans la rue de Saint-Marcellin, près de la tour, et me dit très confidentiellement : C'est moi qui ai fait le rôle de Notre-Dame de la Salette et qui ai parlé aux enfants. » Quand vous le voudrez, ces paroles, que je vous garantis, vous seront répétées par M. Vial et les témoins qui, ainsi que moi, les ont entendues.

MAZET.

Quant à l'affirmation de M. Burnoud, comment savoir la vérité ? Je m'étends un peu sur ce sujet pour montrer la difficulté d'écrire l'histoire. Dans son « Mémoire pour M. l'abbé Déléon contre M. l'abbé Burnoud, ancien supérieur des missionnaires de la Salette » (in-8°, 16 p. ; Grenoble, imprimerie Blanc, s. d.), aux pages 10 et 11 (reproduites dans *Dernier mot*, p. 204), l'abbé Déléon disait :

Le 11 janvier 1855, MM. les chanoines Rousselot, Revol, Gay, Gillos, M. le jésuite Valgalier, M. Saunier, desservant de Saint-Martin-lès-Grenoble, dînaient chez M. Lamanche, aumônier de Sainte-Ursule ; on parlait à table des articles que publiait *le Siècle* sur le miracle de la Salette et du droit de Mlle Lamerlière à attaquer ce journal. — Si on nous juge d'après ces articles, dit M. Rousselot, Monseigneur est un escroc; moi, je suis un menteur. — Si vous êtes dans le vrai, réplique M. le chanoine Gillos, qui était placé vis-à-vis de M. Rousselot, pourquoi supporter cette insulte et ne pas assigner correctionnellement M. Pelletan, auteur de ces articles? — Je le voudrais bien, répond M. Rousselot. Monseigneur s'y oppose. — Pourquoi donc? dit à son tour M. Gillos. Que craignez-vous? Est-ce à raison des frais que vous reculez? Faites appel au clergé : il n'est pas un prêtre qui, pour l'honneur de la robe, ne s'empresse de fournir son offrande. — M. Burnoud, qui était à la droite de M. Gillos, se charge de la réponse : Ce n'est pas pour cela, dit-il, mais il y a bien à réfléchir avant de se lancer. — A réfléchir? réplique M. Gillos. Est-ce le procès Lamerlière qui vous arrête? Qu'avez-vous à craindre de cette fille? N'êtes-vous pas sûr de la dominer? — Ce n'est pas chose facile, lui répond M. Burnoud; elle es très compromettante et, lorsqu'on croit la tenir, elle vous échappe.— Je ne comprends pas ce que vous pouvez craindre d'elle, riposte avec vivacité M. Gillos. — Elle m'a avoué, répond humblement M. Burnoud, que c'était elle qui avait fait l'apparition.

A ces mots il aurait fallu voir la figure de M. Rousselot blémir et sa tête retomber sur sa poitrine. La conversation s'arrête quelques instants, mais bientôt M. Gillos relance l'abbé Burnoud et lui demande comment et dans quelle circonstance Mlle Lamerlière lui avait fait cet aveu. M. Burnoud lui répond : « Je causais avec Mlle Lamerlière et, voulant la sonder, je m'extasiais sur le succès du pèlerinage de la Salette. Les églises, lui disais-je, étaient désertes, le culte de la sainte Vierge tombait dans l'oubli ; maintenant voyez comme la foi s'est réveillée, comme le culte de la Vierge grandit et brille chaque jour de plus en plus. A quoi Mlle Lamerlière m'a répondu :

N'est-ce pas ? Oh! je le savais bien quand je l'ai fait. » M. Burnoud répétait ces paroles avec la conviction profonde que Mlle Lamerlière avait dit vrai, et cette conviction était partagée par tous les assistants.

En réponse à ce dire l'abbé Burnoud, curé de Meyzieu, écrivait, le 12 mai 1856, à J. Favre, avocat de Mlle de Lamerlière (Déléon, *Dernier mot*, p. 201) : « Vous me demandez s'il est vrai, comme le prétend M. Déléon dans son mémoire, que j'aie dit que Mlle Lamerlière m'avait avoué qu'elle était le personnage apparu à Maximin Giraud et à Mélanie Mathieu le 19 septembre 1846 sur la montagne de la Salette. J'affirme que Mlle Lamerlière ne m'a jamais rien dit de semblable et que jamais je n'ai tenu un tel langage. La conversation qui a eu lieu chez M. Lamanche, et à laquelle M. Déléon fait allusion, a été entièrement travestie par ce dernier qui n'est dans cette circonstance, comme dans beaucoup d'autres, qu'un indigne calomniateur. »

Mais l'abbé Déléon avait écrit son récit aussitôt après qu'il l'eut entendu de M. Gillos, en présence de l'abbé de Lemps et de M. de Ventavon, avocat. Il fit donc appel aux souvenirs de ces trois personnes, qui lui remirent les attestations suivantes (*Affaire de la Salette*, pp. 29, 261, 268, reproduites dans *Dernier mot*, p. 205) :

Dans l'intérêt de la vérité et n'ayant d'autre but que de fournir à la justice un témoignage que je lui dois, dans le cas où elle l'invoquerait, je déclare avoir entendu, *à diverses reprises*, les détails relatés par M. l'abbé Déléon, dans son Mémoire, pages 10 et 11, contre M. l'abbé Burnoud.

Il en résulte pour moi la conviction : 1° qu'on avait reculé devant la pensée d'intenter un procès au journal *le Siècle* parce qu'on redoutait le témoignage de Mlle Lamerlière ; 2° que M. l'abbé Burnoud est venu à avouer que Mlle Lamerlière lui avait déclaré être l'auteur de l'apparition de la Salette, et cela dans une conversation où il sondait sa pensée secrète ;

3° que cette révélation inattendue, sortie de la bouche de M. Burnoud, avait rempli les assistants d'étonnement.

DE LEMPS,
ancien curé de Saint-André, chanoine honoraire
de Grenoble et de Saint-Flour.

A la demande de M. l'abbé Déléon et de son honorable avocat, M. Bethmont, je soussigné, Mathieu de Ventavon, avocat, certifie, après avoir lu les pages 10 et 11 de l'imprimé de M. Déléon contre M. Burnoud, que c'est la reproduction exacte de ce que M. le chanoine Gillos raconta chez moi le soir même ou le lendemain du soir du dîner qui eut lieu à Sainte-Ursule. Il y ajoutait même de petits détails qui confirmaient la véracité d'un récit que je dus accepter comme chose non douteuse.

VENTAVON aîné.

Je soussigné déclare que le récit contenu dans un Mémoire signé Déléon, Bresse-Pérouse, concernant un dîner à Sainte-Ursule et les paroles par moi attribuées à M. l'abbé Burnoud, est substantiellement conforme à tous mes souvenirs.

Grenoble, le 25 avril 1857.

GILLOS.

Lors du procès en appel (mai 1857) Favre présenta, à l'encontre de ces pièces, un long certificat collectif — et assez embarrassé — des chanoines Rousselot, Revol et Gay, hôtes de M. Lamanche; on y lisait: « M. Burnoud a parlé à Sainte-Ursule d'une rencontre que Mlle Lamerlière aurait faite à Valence d'un personnage qui aurait attribué à son génie et à son habileté l'affaire de la Salette, et à cet éloge, flatteur en apparence, Mlle Lamerlière n'avait répondu que par un léger sourire, accompagné d'un geste de dénégation et de mépris, mais pas assez significatif pour donner peut-être à son insidieux complimenteur la conviction qu'elle repoussait avec dégoût la calomnie contenue dans ce compliment. » (*Affaire de la Salette*, p. 101).

La circulaire de Mgr Ginoulhiac (19 septembre 1857, p. 53) mit les choses au point: « Une divergence, disait-il, s'est déclarée uniquement sur le point de savoir si Mlle de Lamerlière a été sondée par M. Burnoud ou par un autre prêtre, et si elle a prononcé ces mots qu'un seul témoin, sur sept, croit avoir entendu : N'est-ce pas? Oh! je le savais bien. Ce témoin (M. Gillos) a fait un acte d'une réserve non seulement pleine de dignité et de sagesse, mais de justice, en déclarant que, s'il existait quelque divergence entre son récit et celui de ses confrères, il ne prétendait nullement accuser l'exactitude de leur mémoire, ni leur véracité ; qu'il était même loin de préférer sa version à la leur. »

Quoi qu'il en soit de l'incident Burnoud, on peut très bien, répétons-le, admettre que, plusieurs années après 1846, Mlle de Lamerlière, emportée par son caractère exalté, a dit à plusieurs personnes : C'est moi qui suis la dame de la Salette, sans qu'on puisse en tirer argument contre la divinité de l'événement.

Cette réfutation se complète par le fait que, le 19 septembre 1846, Mlle de Lamerlière se trouvait, non pas à la Salette, mais à Saint-Marcellin. Ennuyée d'avoir été mise en scène par les abbés Déléon (*la Salette-Fallavaux*, 1853 ; *la Salette devant le Pape*, 1854) et Cartellier (*Mémoire au Pape*, 1854), elle résolut de les poursuivre en diffamation, ce qui prouve bien qu'alors elle ne prétendit pas être la dame de l'apparition. Dispensée de prouver son alibi, puisque ses adversaires n'apportaient aucune preuve positive, elle voulait cependant démontrer que, le jour de l'apparition, elle se trouvait à 124 kilomètres de la Salette. A la mort de sa mère, 31 janvier 1845 [1], elle avait dépensé sa fortune en ce

1. Les dates données par Bertrand (*la Salette*, pp. 378-379) doivent être corrigées par celles que fournit Me Pachot d'Arzac, avocat à Saint-Marcellin (*id.*, *Documents*, pp. 188-189).

qu'on appelle, si faussement parfois, bonnes œuvres. Pour la protéger contre elle-même, sa sœur et son beau-frère, la marquise et le marquis de Luzy, demandèrent qu'il lui fût donné un conseil judiciaire; un jugement sur requête du 20 avril 1846 ordonna la réunion du conseil de famille: elle se fit le 17 janvier 1846; le 13 août suivant, second jugement ordonnant l'interrogatoire de Mlle de Lamerlière sur les faits de prodigalité; le 22, assignation pour qu'elle eût à subir cet interrogatoire, qui eut lieu le 28 août et fut signifié, à Saint-Marcellin, le 18 septembre, veille de l'apparition; l'officier ministériel attestait ainsi le fait :

Je soussigné, Jean-Baptiste Giraud, ancien huissier à la résidence de Saint-Marcellin, y domicilié, certifie et atteste que c'est dans la maison des héritiers Détroyat, joignant celle du sieur Mazet, qu'habitait et était logée Mlle Constance de Lamerlière, lorsqu'à la date du 18 septembre 1846 je lui signifiai dans ce logement, en parlant à sa personne, un exploit d'ajournement à la requête de M. et de Mme de Luzy, propriétaires à Roybon, tendant à lui faire nommer un conseil judiciaire. C'était de midi à deux heures que je lui remis cette copie.

En foi de quoi j'ai délivré le présent.

Saint-Marcellin, le 12 mars 1855.

GIRAUD [1].

Le lendemain, 19 septembre, Mlle de Lamerlière se

1. Je ne comprends pas l'argumentation de Jules Favre, avocat de Mlle de Lamerlière, faisant remarquer que les mots : *à sa personne* étaient écrits d'une autre encre et avec une autre plume que le corps de l'assignation, « ce qui prouve que, fidèle à ses devoirs, l'huissier Giraud n'a pas écrit à l'avance, dans son étude et par simple formule, ces mots : *à sa personne*; qu'il les a écrits chez Mlle de Lamerlière dans son domicile ». Favre ne parle pas de l'exploit original, autrement il l'aurait versé au procès sans recourir à une attestation de Giraud; il parle donc de cette attestation; mais pourquoi dans celle-ci les mots *à sa personne* sont-ils écrits « d'une autre encre et d'une autre plume » puisque en 1855 Giraud, « ancien huissier », ne s'est pas présenté chez Mlle de Lamerlière, alors domiciliée à Cras?

trouvait encore à Saint-Marcellin, ainsi que le constate cette lettre écrite par sa sœur à M. Nicolas, avocat à Marseille, le 6 février 1857, et lue au cours des débats :

... Je vous donne pleine liberté d'insérer le premier certificat, qui émane de la parfaite conviction du général de Luzy, mon mari, et de la mienne, sur la présence certaine de Mlle de Lamerlière, ma sœur, à Saint-Marcellin, dans les journées des 18, 19 et 20 septembre 1846.

Ainsi qu'on a pu vous le dire, Monsieur, j'ai malheureusement égaré une lettre de Mlle de Murinais, qui me l'adressa à la hâte par un exprès (ce même 19 septembre 1846), afin de prévenir mes vives inquiétudes si j'apprenais par d'autres voies la chute de voiture que venait de faire le colonel de Luzy, et pour me rassurer sur son état, après lui avoir prodigué tous ses soins.

Cet accident m'avait assez émue pour que je n'en puisse jamais oublier la date. Mais mon mari allait précisément à Saint-Marcellin, ce jour-là, ayant été appelé, dès la veille, avec instance par Mlle de Lamerlière, si désireuse de terminer les affaires qu'ils avaient ensemble. Le 19 septembre avait été fixé pour signer l'accord des deux parties ; mais à raison de sa chute, mon mari fut retenu au château de Murinais. C'est là que Mlle de Lamerlière lui envoya, dès le lendemain (dimanche), un exprès pour apprendre la cause de son retard et le pressa de nouveau d'arriver au plus vite.

Il s'y rendit, en effet, quelques heures après, malgré toutes les affectueuses instances de nos amis, qui voulaient lui continuer leurs soins. Les bases d'une conciliation complète furent posées et acceptées, et l'arrangement fut passé devant notaire un an après, à cause des longueurs d'une expertise importante.

Tel est, Monsieur, le fidèle historique de l'incident qui a marqué cette époque mémorable pour nous, quoique nous ne nous doutassions pas alors qu'en même temps le ciel voulût en éterniser le souvenir par une des plus grandes merveilles de la miséricorde divine.

Marquise de Luzy de Pélissac.

Les faits sont très simples : le vendredi 18 septembre 1846 l'huissier se présente chez Mlle de Lamerlière, en son domicile de Saint-Marcellin, et lui remet l'exploit à elle-même ; très froissée du procédé [1], loin de songer à commettre un acte qui devait la discréditer et fournir à ses parents un argument d'une force extrême pour la faire interdire, elle écrit immédiatement à sa sœur et demande qu'on lui envoie, le lendemain, 19, son beau-frère pour essayer un arrangement ; M. de Luzy part de Roybon, ce même samedi ; à mi-chemin de Saint-Marcellin la voiture est renversée ; le voyageur, contusionné, s'arrête chez Mlle de Murinais ; mais, sur les instances de Mlle de Lamerlière, il part le lendemain, dimanche, arrive à Saint-Marcellin, voit sa belle-sœur et pose avec elle les bases d'une transaction.

II. — Procès Lamerlière-Déléon.

Le 28 janvier 1855 Mlle de Lamerlière adressa à Mgr Ginoulhiac une longue lettre où on lisait :

... Il importe à ma dignité, à mon honneur et au respect que je me dois à moi-même, d'obtenir par voie amiable, par prière ou autrement, réparation des offenses, involontaires, je veux le croire, contenues dans votre mandement du 4 novembre 1854, pages 26 et 27, conçues en ces termes : « Et surtout quel triste abus n'est-ce pas faire d'une position que l'on connaît bien et qui devait au moins inspirer quelque respect, de tirer un argment de ce que Mlle de L... n'a pas intenté une action contre l'auteur de la brochure ? Car on n'ignore pas que les démarches qu'elle fait auprès de la justice ne sauraient aboutir, et on se croit assuré que sa famille, qui, en 1846, avait cru devoir former contre elle, et dans son intérêt, une

1. Attestation de Me Pachot d'Arzac du 28 octobre 1856 (Bertrand, *Documents*, p. 189) : « J'affirme que Mlle Constance de Lamerlière venait journellement me consulter, à chaque signification qui lui était faite, à chaque phase nouvelle de ces deux procès..., et j'ajoute qu'elle était tellement absorbée et *exaspérée par la demande en nomination d'un conseil judiciaire* et par ces démêlés de famille, dans lesquels elle voyait, disait-elle, son honneur et sa fortune intéressés, qu'elle paraissait ne vouloir parler ni s'occuper d'autres choses. *Elle était certainement à Saint-Marcellin lorsqu'elle reçut l'assignation du 18 septembre 1846* ».

demande d'interdiction, n'interviendra pas pour la protéger et pour la défendre. »

Une démarche inconsidérée et surtout ignorée, une simple formalité aussitôt abandonnée que conçue (je fais allusion à la demande d'interdiction), cette boutade, sans conséquence pour moi, prend dans votre mandement, Monseigneur, des proportions gigantesques. Vous apprenez à tous les fidèles que je suis déshéritée de ma raison et de mon bon sens; vous dites à tous les mécréants que je manque de suite dans mes idées et que je suis dépourvue des conditions propres à me conduire avec discernement, et, par conséquent, incapable d'inventer un miracle...

Il faut que vous sachiez, Monseigneur, que je suis bien résolue à demander aux tribunaux réparation de ces outrages gratuits et immérités...

Je vous supplie donc de me faire savoir si, lundi prochain, 29 du courant, vous aurez la bonté de me recevoir, moi et mon avocat, afin de nous entendre dans nos observations.

Cette lettre resta naturellement sans réponse : quinze jours après, Mlle de Lamerlière écrivait à l'évêque : «... Je dois vous dire que si, d'ici à huit jours, je n'ai pas reçu de votre part et de vous-même, par écrit et en termes non équivoques, la certitude que satisfaction complète et en forme me sera concédée, je me pourvoirai à l'autorité pour obtenir l'autorisation de vous appeler à la barre du tribunal, où j'ai déjà donné rendez-vous à l'abbé Déléon, au curé Cartellier et à d'autres, à qui je reproche des plaisanteries de mauvais goût, grief fort anodin auprès des outrages gratuits dont vous m'avez accablée, Monseigneur. Ces outrages, je vous l'ai dit dans une précédente épître, ont été le signal du déluge de sottises débitées sur mon compte, ces temps derniers, par ceux-là mêmes qui auraient dû faire chorus avec le zèle, le dévouement, les sacrifices d'argent et d'amour-propre, avec les fatigues de toutes sortes que je me suis imposées en vue de faire refleurir et prospérer notre sainte religion... »

Puis elle transmettait copie de ces lettres à M. Pelletan, qui écrivait en ce moment dans *le Siècle* des articles contre la Salette, et y joignait ce billet : « Monsieur, je compte sur votre courtoisie pour donner de la publicité aux épîtres que j'ai adressées, ces jours derniers, à Mgr l'évêque de Grenoble au sujet du miracle de la Salette... Ce qui m'a blessée le plus, je dois l'avouer, c'est d'avoir été présentée (dans *le Siècle*) comme l'agent de l'évêché de Grenoble dans l'apparition de la sainte Vierge sur la montagne de la Salette. Sachez, Monsieur, que je tiens ma mission sociale de la Providence elle-même, et que je suis trop fière et trop orgueilleuse du rôle qu'elle m'a départi pour en décliner la responsabilité par respect humain ou fausse honte; mais je ne saurais davantage en divulguer le secret à des Pharisiens comme vous, chez qui, pour leur malheur, tout sentiment religieux est éteint. »

Comme elle l'avait annoncé, Mlle de Lamerlière se pourvut au Conseil d'État; le 5 mars 1855 sa demande était rejetée. Voici un extrait de l'arrêt rendu sur le rapport de M. Lacaze : « Vu la demande de la dame Constance Saint-Ferréol de Lamerlière, rentière, demeurant à Grenoble, à l'effet d'obtenir l'autorisation de poursuivre devant les tribunaux le sieur Ginoulhiac, évêque de Grenoble, à raison d'expressions injurieuses et diffamatoires publiées dans l'instruction pastorale et le mandement de ce prélat, en date du 4 novembre 1854... N'est pas accordée l'autorisation demandée... »

Restait le procès en diffamation intenté par Mlle de Lamerlière contre MM. Déléon et Cartellier et Redon, imprimeur. La demanderesse réclamait 20.000 francs de dommages-intérêts. L'assignation fut lancée le 9 décembre 1854 et l'affaire vint au tribunal civil de Grenoble le 25 avril 1855. Le 2 mai le tribunal rendit ce jugement :

Attendu que la demoiselle de Lamerlière prétend avoir été diffamée dans les récits publiés par l'abbé Déléon, sous les titres : 1° *la Salette-Fallavaux ou la Vallée du mensonge*, et le pseudonyme de Donnadieu ; 2 *la Salette devant le Pape ;* et par le curé Cartellier, sous le titre de : *Mémoire au Pape sur la Salette*, et qu'elle demande la réparation du préjudice que ces écrits lui auraient causé ;

Attendu qu'il faut d'abord reconnaître que ces ouvrages sont l'examen critique d'un fait demeuré jusqu'alors obscur ; que le but unique que se sont proposé les auteurs a été de prouver, dans l'intérêt de la vérité, qui est aussi celui de la religion, que ce fait n'avait rien de surnaturel ; qu'ils ont voulu combattre ce qu'ils regardaient comme une erreur et en empêcher la propagation ; qu'en cela ils ont pu croire user d'un droit et remplir un devoir ;

Qu'il faut reconnaître aussi que, s'ils ont parlé de Mlle de Lamerlière, c'est accidentellement, pour en rappeler les actes et les propos qui pouvaient autoriser à croire qu'elle s'était montrée, le 19 septembre 1846, sur la montagne de la Salette ; mais que cette publicité donnée à certaines circonstances de la vie privée était une nécessité de leur démonstration ; qu'ils se sont d'ailleurs servis de ce moyen avec modération, en rendant hommage au caractère et aux sentiments de la demoiselle de Lamerlière ; qu'il ne saurait entrer dans l'esprit de personne qu'ils aient eu l'intention de lui nuire, de porter atteinte à son honneur, à sa considération ; qu'une pareille supposition est repoussée par l'esprit général des ouvrages et par leur but sérieux, que la bonne foi des auteurs ne saurait être mise en doute, en présence des faits reconnus et suffisamment établis dès à présent par les documents produits ;

Et attendu, en droit, que l'intention de nuire est un des éléments constitutifs de la diffamation ; que la jurisprudence, d'accord avec les principes, est constante sur ce point ; que, cet élément manquant aux faits dont on voudrait faire résulter la diffamation, il faut admettre que ces faits ne peuvent être considérés comme diffamatoires, et, par suite, donner lieu, comme tels, à une réparation civile ;

Attendu, néanmoins, qu'il y a lieu de rechercher si ces faits, ainsi dépouillés de tout caractère diffamatoire, ne pourraient pas être une cause de dommage, comme constituant un quasi-délit ;

Attendu que l'article 1382 du Code Napoléon ne donne naissance à l'obligation de réparer les dommages que lorsqu'il y a eu faute de la part de l'auteur du fait et préjudice éprouvé de la part de celui qui s'en plaint;

Attendu qu'il ne saurait y avoir faute de la part des auteurs pour avoir écrit ce qui se trouve dans leurs livres touchant la demoiselle de Lamerlière, alors que celle ci l'a rendu vraisemblable par ses actes, ses propos, suffisamment constatés dès à présent;

Que le fait de la Salette appartient à l'histoire contemporaine; que les auteurs, en examinant ce fait, en le discutant pour en déterminer les caractères, n'ont pu faire autrement que de raconter ce qu'ils croyaient être la vérité; qu'ils n'ont fait en cela que ce que font, ce que sont obligés de faire tous les historiens;

Qu'il faut bien, en effet, sous peine de rendre l'histoire impossible, leur reconnaître le droit de rendre compte des paroles et des actions de ceux qui se sont trouvés mêlés aux événements qu'ils racontent; que tout ce qu'on peut exiger d'eux, c'est qu'ils n'abusent pas de ce droit, qu'ils n'accueillent pas avec légèreté des rumeurs vagues, sans en vérifier l'origine et la valeur;

Que, dans l'espèce, on ne saurait faire un semblable reproche aux auteurs, car l'ensemble des faits qu'ils énoncent relativement à la demoiselle de Lamerlière prouve jusqu'à l'évidence qu'ils ne les ont accueillis qu'avec une entière bonne foi après un examen réfléchi, sans imprudence ni légèreté, et qu'ils ont puisé dans des documents sérieux et des témoignages respectables;

Que ces faits, envisagés comme dommageables et non comme faits diffamatoires, seraient de nature à être prouvés par témoins; mais que les documents produits et les circonstances de la cause dispensent le tribunal de recourir à cette preuve;

Attendu, au surplus, que, y eût-il faute de la part des auteurs, cette faute ne saurait donner lieu à aucune réparation; qu'en effet il n'y a pas eu préjudice causé à la demoiselle de Lamerlière; que d'abord elle ne se plaint pas et ne pourrait se plaindre d'avoir éprouvé, d'une manière indirecte, un dommage matériel; que, quant au préjudice moral, il est évident qu'elle n'en a pas éprouvé non plus; que les allégations renfermées dans les écrits n'ont pu modifier en rien sa réputation et porter, en aucune façon, atteinte à son honneur et à sa considération ; que les auteurs ont d'ailleurs pris soin de mettre à couvert ses intentions ; qu'enfin elle est restée après la publication ce qu'elle était avant, une personne renommée par sa grande dévotion, par son zèle ardent pour les intérêts religieux, pour la propagation de la foi ;

Attendu que, de ce qui précède, il résulte que la demande de la demoiselle de Lamerlière est dénuée de toute espèce de fondement, vis-à-vis tant des auteurs des ouvrages dont il s'agit que du sieur Redon, qui les a imprimés ;

Attendu que l'abbé Déléon a déclaré renoncer à sa demande reconventionnelle ;

Par ces motifs,

Le tribunal, ouï en ses conclusions motivées M. Jalenque, procureur impérial, sans s'arrêter aux demandes, fins et conclusions de la demoiselle de Lamerlière, dont elle est déboutée, met les défendeurs hors d'instance avec dépens ; dit qu'il n'y a pas lieu d'ordonner la publication ni l'impression du présent jugement dans les journaux.

C'était prudent, car tout reste étrange dans cette sentence : les ouvrages cités ne sont nullement des ouvrages de « critique », fondés sur « des documents sérieux et des témoignages respectables » : témoin entre autres la fable Lamerlière ; — les auteurs ont réellement diffamé Mlle de Lamerlière en l'accusant de se faire passer pour la sainte Vierge et de jouer une comédie sacrilège ; — les juges trouvent les preuves de l'abbé Déléon suffisantes et refusent d'entendre les témoins [1].

Mlle de Lamerlière interjeta appel d'un jugement si extraordinaire, mais se désista à l'égard de Redon. L'affaire vint devant la Cour impériale de Grenoble le 27 avril 1857 ; Me Jules Favre plaida pour Mlle de Lamerlière, Me Bethmont pour l'abbé Déléon, Me Far-

1. En mai 1855 Mélanie, carmélite cloîtrée à Darlington, ignore le procès Lamerlière ; Maximin, élève chez M. l'abbé Champon, curé de Seyssins, près Grenoble, *ne fut pas cité comme témoin ;* je n'ai trouvé nulle part trace de ses impressions et de ses actes à cette date.

connet pour l'abbé Cartellier, absent. Dans son audience du 6 mai la Cour rendit un arrêt qui s'appuyait sur ces faits :

Plusieurs miracles avaient été essayés depuis quelques années dans les environs de Grenoble; aucun n'avait pu aboutir, lorsque, le dimanche 20 septembre 1846, le curé de la Salette annonçait en chaire, à ses paroissiens, que le canton venait d'être honoré d'une apparition miraculeuse, d'une visite de la sainte Vierge.

La mère du Christ s'était présentée la veille, entre trois et quatre heures de l'après-midi, à un berger et à une bergère, sur la montagne de la Salette ; elle était venue, habillée d'un costume étrange, dire au peuple de son fils des choses si peu en harmonie avec l'excellence de l'origine que de bons esprits se prirent à douter, voulurent examiner.

Il devait d'autant mieux en être ainsi que le fait de la Salette n'avait pas pour seule conséquence une dévotion de plus en l'honneur de Marie; il y avait des offrandes sans nombre ; il y avait une vente d'eau prétendue miraculeuse et annoncée... comme opérant, même indépendamment de la foi des malades auxquels on la donne à la boire... ; comme ayant produit des conversions inespérées sur des pécheurs invétérés et des incrédules obstinés, auxquels on en avait fait avaler, contre leur gré, quelques gouttes ; dont l'usage avait produit tant de prodiges dans l'univers que, demandée des extrémités du monde, elle est expédiée dans toutes les directions... ; eau guérissant de tous les maux...

Parmi les personnes qui ont écrit sur le fait de la Salette se trouvent M. l'abbé Déléon, publiciste et homme de lettres, et M. Cartellier, ce dernier archiprêtre et curé de Saint-Joseph, à Grenoble, comme secrétaire-rédacteur d'une réunion de cinquante-quatre prêtres de Grenoble ou des environs.

Ces messieurs, procédant avec soin à la recherche de la vérité sur ce fait prétendu miraculeux, ont été amenés, par les renseignements divers qui leur sont parvenus sur ce point si important pour l'histoire ecclésiastique en général et celle du diocèse de Grenoble en particulier, à parler de Mlle de Lamerlière et à la désigner comme étant l'héroïne de l'apparition de la Salette.

C'est dans ces circonstances que Mlle de Lamerlière a, par

exploit du 9 décembre 1854, fait assigner M. l'abbé Déléon, M. Cartellier et M. Redon, imprimeur, devant le tribunal civil de Grenoble, en condamnation d'une somme de 20.000 francs pour réparation du dommage qu'elle prétendait avoir éprouvé par les publications de ces messieurs, demandant de plus la suppression des ouvrages contenant les faits prétendus calomnieux.

La cause portée à plusieurs audiences, M. l'abbé Déléon a présenté lui-même ses moyens de défense; il a fait conclure au rejet de la demande de Mlle de Lamerlière, et, subsidiairement, à ce qu'avant dire droit il lui fût permis de rapporter la preuve, dans les formes ordinaires, des faits énoncés dans les conclusions subsidiaires qu'il a renouvelées devant la Cour et qui sont ci-dessus transcrites.

Le tribunal a rendu, le 2 mai 1855, un jugement par lequel, sans s'arrêter aux demandes, fins et conclusions de la demoiselle de Lamerlière, dont il l'a déboutée, il a mis les défendeurs hors d'instance avec dépens, ce qui veut dire : a condamné Mlle de Lamerlière aux dépens envers toutes les parties.

Pour le décider ainsi, le tribunal a dit qu'il fallait d'abord reconnaître que les ouvrages publiés par M. l'abbé Déléon et M. le curé Cartellier étaient l'examen critique d'un fait demeuré jusqu'alors obscur; que le but unique que s'étaient proposé les auteurs avait été de prouver, dans l'intérêt de la vérité, qui est aussi celui de la religion, que ce fait n'avait rien de surnaturel; qu'ils avaient voulu combattre ce qu'ils regardaient comme une erreur et en empêcher la propagation; que, s'ils avaient parlé de la demoiselle de Lamerlière, c'était accidentellement, pour en rappeler les actes et les propos...

Mlle de Lamerlière a appelé de ce jugement, et la cause, après divers renvois, a été portée aux audiences des 27, 28, 29, 30 avril, et à celle de ce jour...

ARRÊT

Attendu que la Cour n'a à statuer que sur le point de savoir si Mlle de Lamerlière est fondée dans la demande en dommages intérêts qu'elle a formée contre les abbés Déléon et Cartellier, pour ce qu'ils ont dit d'elle dans les publications citées dans cette demande, ou si, au contraire, les abbés Déléon et Cartellier doivent être mis hors d'instance, parce qu'ils ont agi de bonne foi et sans intention de lui nuire, et qu'ils ne lui ont porté aucun préjudice ;

Attendu que, pour prononcer sur cette question, la Cour ayant, dans les documents versés au procès, tous les éléments nécessaires, ce n'est pas le cas d'ordonner des enquêtes et permettre à Mlle de Lamerlière de prouver par témoins les faits par elle articulés dans les conclusions subsidiaires qu'elle a prises devant la Cour, mais qu'il y a lieu, au contraire, de refuser cette preuve comme frustratoire et inutile ;

Par ces motifs,

Et adoptant ceux exprimés par les premiers juges,

La Cour,

Ouï M. Almeras-Latour, premier avocat général, en ses conclusions motivées, sans s'arrêter aux conclusions tant principales que subsidiaires de Mlle de Lamerlière, dont elle est déboutée, sur l'appellation par elle émise du jugement du tribunal civil de Grenoble du 2 mai 1855 au néant, confirme le dit jugement, ordonne qu'il sortira son plein et entier effet, et condamne l'appelante à l'amende et aux dépens.

Sans revenir sur les observations faites à propos de la première sentence, et qui gardent ici toute leur valeur, contentons-nous de remarquer que la Cour ne touchait pas et ne voulait pas toucher au fond de la question. Malgré les « faits » articulés en tête de l'arrêt, elle cherche, non pas si l'apparition de la Salette est divine ou non, mais si MM. Déléon et Cartellier ont été de mauvaise foi en accusant Mlle de Lamerlière et s'ils ont eu l'intention de nuire. Les conseillers répondent : non ; c'est tout. Mgr Ginoulhiac l'expliquait fort bien, le 13 juin 1857, à un curé étranger à son diocèse :

Tranquillisez-vous, et tranquillisez vos paroissiens. Personne ici, ni parmi les magistrats qui ont prononcé l'arrêt récent dont on a fait tant de bruit, ni parmi les gens sensés, ne croit que c'est Mlle de Lamerlière qui a fait l'apparition. Il y a eu preuve évidente, dans le cours des débats, qu'il y avait impossibilité physique que cette personne eût joué ce rôle et, en fait, qu'elle était, le 19 septembre 1846, à Saint-Marcellin, c'est-à-dire à trente lieues de la Salette. Et cependant dans ces débats on n'a pas tout dit. Je me charge de le faire moi-même pour en finir avec tous ces mensonges qui, ici, ne trompent que les sots, mais qui, ailleurs, peuvent surprendre des gens de bonne foi. Vous pouvez dire hautement, Monsieur le curé, comme le tenant de moi, que la fable Lamerlière est la fable la plus stupide, la plus grossière et la plus ouvertement démentie par des faits certains, que des hommes haineux et de mauvaise foi aient pu imaginer, et qu'avoir recours à cette supposition pour porter atteinte au fait de l'apparition de la sainte Vierge sur la montagne de la Salette, c'est montrer qu'il n'est aucune supposition raisonnable qu'on puisse opposer au miracle et c'est, par là même, le confirmer.

« On n'a pas tout dit, constatait le prélat ; je me charge de le faire moi-même pour en finir avec tous ces mensonges ». Il le fit dans son mandement du 19 septembre 1857.

Les discussions sont closes désormais et nous n'avons plus qu'à relater les fêtes solennelles qui se déployèrent sur la montagne : en septembre 1872, le grand pèlerinage national ; le 20 août 1879, la consécration de la basilique par Mgr Paulinier, devenu archevêque de Besançon ; le 21, le couronnement de la Vierge par le cardinal Guibert, archevêque de Paris.

Quelle conclusion se dégage de cette étude ? A bien examiner, le fait important de la Salette, c'est moins le secret des enfants — communiqué seulement en 1851, à la suite de demandes pressantes, et uniquement à Pie IX — que les menaces de la sainte Vierge. Même sur cette révélation, je l'avoue, il plane des obscurités ; cent détails prêtent aux objections ; mais la réalité de l'apparition reste entière. A travers les péripéties diverses, presque toujours douloureuses, de leur existence vagabonde, les deux témoins, instruments merveilleux pour montrer l'action divine, ont « fait passer au peuple » le message reçu par eux le 19 septembre 1846 sur le plateau des Baisses. Ce témoignage surprenant fut le rayon de soleil qui illumina le soir de leur vie. Cloué par la maladie sur son misérable fauteuil d'emprunt, guenille humaine gardant encore la force de souffrir, Maximin songe alors aux trésors qu'on lui a offerts s'il voulait nier l'apparition ou livrer une faible partie de son secret. L'étourdi, le bon vivant, a mené une vie de bohême; il peut toutefois affirmer que, dans son existence de déclassé, tenaillé par la faim, mauvaise conseillère, il est resté fidèle à ces deux choses, humainement si étranges : la prédication désintéressée du message, la garde scrupuleuse du secret. Avec sa physionomie si différente, son profil émacié, ses habits de deuil perpétuel, ses appels incessants à la prière et à la pénitence, Mélanie n'excite pas moins la curiosité; tout enveloppée de visions funèbres, elle est l'inlassable dolente, l'ange de la désolation. Mais, à tous deux, dans leurs yeux troublés par la mort, on voit comme un reflet de la splendeur qui enveloppait « la belle dame »; ces pauvres bergers de jadis sont plus grands que les plus grands de ce monde; la Vierge leur a parlé : ils portent en eux un mystère.

BIBLIOGRAPHIE

Chanoine Bez : Pèlerinage à la Salette, ou Examen critique de l'apparition de la sainte Vierge à deux bergers (Mélanie Mathieu et Maximin Giraud), 1 vol. in-12, 214 p. (Lyon, Guyot, mai 1847).

Mgr Villecourt, évêque de la Rochelle : Nouveau récit de l'apparition de la sainte Vierge sur les montagnes des Alpes, 1 vol. in-12, 204 p. (Lyon, Mothon, octobre 1847).

Chanoine Rousselot : La vérité sur l'événement de la Salette du 19 septembre 1846, ou Rapport à Mgr l'évêque de Grenoble sur l'apparition de la sainte Vierge à deux petits bergers sur la montagne de la Salette, canton de Corps (Isère), 1 vol. in-12, 240 p. (Grenoble, Carus, fin 1848; achevé d'imprimer 20 juillet). C'est le rapport de MM. Rousselot et Orcel.

Abbé Allard : Mois de Notre-Dame de la Salette, in-8, 220 p. (Paris, chez l'auteur, 1849). On a une idée de la valeur de l'ouvrage par ces autres livres du même auteur, « prêtre du clergé de Saint-Germain-des-Prés, né au Villard-de-Lans, diocèse de Grenoble, lieu de l'apparition », tous relatifs à la Salette : Paradis terrestre de la fin des siècles et décadence de celui du monde, 1850; Œil providentiel et pontifical de N.-D. de la Salette, dédié à Notre Saint Père le Pape, sous la sauvegarde du Sacré-Cœur de Marie et la protection de la sainte Tunique sans couture, ainsi que des sept douleurs de la sainte Famille, 1855. Dans une « Neuvaine » à N.-D. de la Salette l'abbé Allard donne les sept merveilles du Dauphiné comme des symboles des sept sacrements.

Abbé Rousselot : Nouveaux documents sur l'événement de la Salette, in-12, 162 p. (Grenoble, Carus, 1850).

ABBÉ BEZ : M. Vianney, curé d'Ars, et Maximin Giraud, berger de la Salette, ou la vérité récupérant ses droits, in-12, 52 p. (Paris et Lyon, les libraires, janvier 1851).

(MARIE DES BRULAIS) : L'écho de la sainte Montagne visitée par la Mère de Dieu, ou un mois de séjour dans la société des petits bergers de la Salette, in-8, XII-348 p., sans nom d'auteur (Nantes, Charpentier, décembre 1851). L'auteur est une Nantaise guérie à la Salette en septembre 1847; elle y est revenue en 1849, 1851, 1852 et a causé longuement en 1851 et 1852 avec Maximin à la Chartreuse, avec Mélanie à Corenc.

ROUSSELOT : Défense de l'événement de la Salette contre de nouvelles attaques, in-12, 50 p. (Grenoble, Carus, février 1851).

DONNADIEU (abbé Déléon) : La Salette-Fallavaux (Fallax vallis), ou la Vallée du mensonge (Grenoble, typographie Redon) : 1re partie, in-12, 166 p., fin août 1852; 2e partie, in-12, 271 p., mars 1853. Au tome II, p. 10, l'auteur se dit laïque, étranger au diocèse de Grenoble; mais dans ses *Lettres à J. Favre*, 1857, p. 50, l'abbé Déléon avoue : « J'ai publié *la Salette-Fallavaux* sous le pseudonyme Donnadieu. » Cet ouvrage, comme tous ceux du même auteur, se distingue par les longueurs, les répétitions, l'absence d'ordre, les affirmations aventureuses. — En réalité *Fallavaux* ne vient pas de *fallax vallis*, mais des seigneurs de Fallavelle, dont le château était situé tout près du bourg de la Salette.

ABBÉ ROUSSELOT : Un nouveau sanctuaire à Marie, ou conclusion de l'affaire de la Salette, in-12, 300 p. (Grenoble, Carus, janvier 1853).

DÉLÉON : La Salette devant le pape, ou Rationalisme et hérésie découlant du fait de la Salette, suivie du Mémoire au pape, par plusieurs membres du clergé diocésain, in-8, 373 p. (Grenoble, imprimerie Redon, septembre 1854). L'auteur de *Rationalisme...* est l'abbé Déléon; celui du *Mémoire*, l'abbé Cartellier, curé de Saint-Joseph de Grenoble.

MGR ULLATHORNE, évêque de Birmingham : La sainte Montagne de la Salette, in-12, 154 p. (Grenoble, Baratier, 1854).

(ABBÉ DÉLÉON) : La conscience d'un prêtre et le pouvoir d'un évêque, in-8, 226 p., anonyme (Grenoble, typographie Redon, 1855); nouvelle édition, in-8, 368 p. (Paris, Grassart, 1856).

Abbé Laborde : Entretiens sur la Salette, in-12, 116 p. (Paris, Dentu, 1855).

Amédée Nicolas : La Salette devant la raison, in-12, 396 p. (Paris, Pélagaud, 1855).

J. Favre : Mémoire pour Mlle Constance de Saint-Ferréol de Lamerlière contre MM. Déléon et Cartellier, in-4, 32 p. (Paris, imprimerie Brière, s. d.).

Marmonnier : Triomphe de la Salette, in-8, 176 p. (Paris, Le Clère, 1856).

Abbé Déléon : Lettres à M. Jules Favre, en réponse à son Mémoire pour Mlle de Lamerlière, in-12, 77 p., 10 lettres (Grenoble, librairie nouvelle, avril 1857).

Abbé Rouquette : La Vierge à la Salette, in-12, 186 p. (Toulouse, Delsol, 1857).

Sabbatier : Affaire de la Salette, Mlle de Lamerlière contre MM. Déléon et Cartellier, in-12, 386 p. (Grenoble, Vellot, 1857). Sabbatier, ancien sténographe des Chambres pour le *Moniteur universel*, était directeur de *la Tribune judiciaire*.

Déléon : Lettres à M. l'abbé Burnoud, en réponse à sa lettre du 11 mai 1856, in-12, 72 p. (Paris, Balloy, 1857).

Abbé Rousselot : Manuel du pèlerin à Notre-Dame de la Salette, petit in-16, 140 p. (Grenoble, Baratier, s. d. [1859]). On y sent parfois un peu d'emphase : « On peut dire hardiment que *l'univers s'en est assuré* (de la réalité du fait)... L'*immortel* (souligné dans le texte) Mandement du 19 septembre 1851, *traduit dans toutes les langues...* » (p. 6).

Chanoine Bernier : Le doute légitime sur l'apparition miraculeuse de la très sainte Vierge à deux bergers de la Salette, in-8, 116 p. (Angers, Cosnier, 1859).

J. Favre : Affaire de Mlle de Lamerlière, à propos de l'apparition de la sainte Vierge à la Salette, in-8, 32 p. (Paris, Borrani, 1859).

Chanoine des Garets : Le curé d'Ars et la Salette, in-12, 224 p. (Lyon, Girard et Josserand, 1860).

Abbé Monnier : Le curé d'Ars, 2 vol. in-12, 539, 713 p. (Paris, Douniol, 2e éd., 1861).

Annales de Notre-Dame de la Salette, publiées par les Missionnaires de Notre-Dame de la Salette, mensuelles, mars 1865. Les quatre années 1865-1868 sont paginées 1-784;

les quatre suivantes, 1869-1872, pp. 1-800; les quatre suivantes, 1873-1876, pp. 1-767.

Maximin Giraud : Ma profession de foi sur l'apparition de Notre-Dame de la Salette, in-8, 72 p. (Paris, Charpentier, février 1866; nouvelle édition, chez l'auteur, à la Salette, 1873). Cette unique publication de Maximin est une réponse à un article de vingt lignes de *la Vie parisienne* (11 novembre 1865) affirmant que le berger « refuse positivement de croire ce qui est arrivé ». Le journal se rétracta le 6 janvier 1866.

Abbé Boissin : Manuel de la dévotion à Notre-Dame de la Salette, in-16, 176 p. (Nîmes, imprimerie Soustelle, 1866).

Amédée Nicolas : Premier supplément à la deuxième édition de « la Salette devant la raison », in-12, 152 p. (Paris, Sarlit, 1866). Attaque contre M. Cartellier.

Réponse à quelques attaques publiées contre la mémoire de M. Cartellier, ancien curé de Saint-Joseph de Grenoble, sur le journal de « Notre-Dame de la Salette », imprimé à Muret (Haute-Garonne), etc., etc., in-8, 72 p. (Grenoble, imprimerie Prudhomme, 1867). — Cette réponse avait d'abord paru en affiche.

Girard : Les secrets de la Salette et leur importance; détails sur ces mystérieuses révélations, in-12, 124 p. (Grenoble, chez l'auteur, 1871).

Les nombreux opuscules de Girard, rédacteur du journal *la Terre sainte*, Procureur général des Eglises-Unies et Directeur de l'Œuvre catholique d'Orient, tous prolixes, mal composés, manifestent une grande crédulité. Maximin, en particulier, protesta contre les deux premiers opuscules. Mélanie n'en écrivait pas moins, de Castellamare, à l'auteur, le 30 octobre 1871 : « Je remercie le bon Dieu de la lettre que vous avez reçue de Rome qui bénit votre ouvrage sur *les Secrets de la Salette et leur importance* » (Delbreil, *le Nouveau Sinaï*, p. 235). Cette lettre, du 4 septembre 1872, était de Mgr Zola, abbé des chanoines réguliers de Latran à Sainte-Marie de Piedigrotta, évêque d'Ugento en 1873, puis de Lecce; il y disait entre autres choses : « Quant aux nombreux exemplaires de vos deux livres sur la Salette que vous m'avez envoyés, je les ai distribués à de pieux et savants ecclésiastiques, et même à des évêques, et *tous sans exception les ont approuvés*... Cela doit vous fortifier et vous consoler au milieu des blâmes que vous recevez en France et des persécutions qui vous attendent encore » (Girard, 3e opuscule, p. 29, note).

Abbé Déléon : Dernier mot sur la Salette, in-12, 400 p. (Grenoble, librairie dauphinoise, 1872). 17 lettres ouvertes écrites à Mgr Ginoulhiac, archevêque de Lyon.

Girard : Complément des secrets de la Salette et de leur importance, in-12, 160 p. (Grenoble, chez l'auteur, 1872; 4e édition, revue et augmentée, avec ce sous-titre : Dernières révélations sur de prochains événements, 1872) ; « augmentée », cette édition n'a que 124 pages. — P. 141 l'auteur avoue que le secret de Maximin n'a pas été publié.

Delbreil : Le nouveau Sinaï. Menaces et promesses de Notre-Dame de la Salette, in-12, 437 p. (Paris, Palmé, 1873 : la préface est datée de septembre 1872). Sorte de traité théologique sur l'apparition.

Girard : IIIe opuscule. Les dernières attaques contre la Salette et la réputation des deux bergers, in-12, 125 pages (Grenoble, chez l'auteur, 1873).

Girard : IVe opuscule. Vérité et réalisation des prédictions et des secrets de la Salette, in-12, 140 p. (Grenoble, Allier, 1873).

Girard : Ve opuscule. Les révélations de la Salette confirmées et justifiées par celles de l'Ecriture sainte, ou Preuve de la vérité du secret de la bergère Mélanie tirée des textes mêmes de la Bible, in-12, 80 p. (Grenoble, imprimerie Prudhomme, 1874). — Le seul titre indique la valeur de l'opuscule.

P. Huguet : Pie IX et les secrets de la Salette. Concordance entre la prophétie d'Orval et les lettres de Mélanie sur les événements actuels, dixième édition, in-12, 72 p. (Lyon, Gauthier, 1871).

Victor C*** de Stenay : La grande crise et le grand triomphe, d'après le curé d'Ars, l'extatique d'Oria et Mélanie de la Salette, in-16, 32 p. (Paris, Palmé, août 1872).

Abbé Nortet : Notre-Dame de la Salette, in-18, 292 p. (Paris, Palmé, 1879).

Adrien Péladan : Maximin peint par lui-même, in-12, 628 p. (Nîmes, imprimerie Clavel-Ballivet, août 1881 : la préface est datée du 19 mars). — Adrien Péladan est le pseudonyme de l'abbé Emile Le Bailly, curé de Berville (Calvados). — D'après l'Introduction (pp. 10-12) ce livre se compose de trois éléments : autobiographie de Maximin écrite pour sa mère adoptive, Mme Jourdain ; continuation de cette biographie par Mme Jourdain à partir de 1861, année où elle accueillit Maximin chez elle ; corrections de style et arrangement méthodique, œuvre de l'abbé Le Bailly. — A. Peladan avait publié auparavant les « Preuves éclatantes de la Révélation par l'histoire universelle, ou les monuments et les témoignages païens, juifs et profanes, de tous les temps et de tous les peuples, confirmateurs de la Bible et du christianisme. Avec un bref de S.S. Pie IX et des lettres d'éminents évêques, 4e édition, mise en rapport avec l'état présent des choses. Un beau volume format charpentier de 600 pages ». — L'abbé Nortet (p. 195) dit : « Nous appuyant sur un auteur estimable, *parfaitement au courant des questions surnaturelles agitées à notre époque*, M. Adrien Péladan, nous croyons prudent de dire seulement avec lui que le secret de Maximin se résume dans les termes suivants :... Il paraîtra un grand monarque qui rétablira la religion et restaurera la société. L'Eglise sera florissante. Le pape qui succédera à Pie IX ne sera pas Romain ».

Abbé Bertrand : La Salette, in-8° écu, 524 p. (Paris, Bloud, s. d. [1888]).

Abbé Bertrand : La Salette. Documents et bibliographie, in-8°, 319 p. (Paris, Bloud, 1889).

Ces deux volumes sont très précieux pour l'étude de l'apparition. Nous indiquons le premier simplement par le nom de l'auteur ; le second par le mot *Documents*.

P. Berthier, missionnaire de la Salette : Notre-Dame de la Salette, son apparition, son culte, nouvelle édition, petit in-8°, 88 p. (Chez l'auteur, à la Salette, 1892).

(Mélanie Calvat) : L'apparition de la très sainte Vierge sur la montagne de la Salette le 19 septembre 1846, in-18, 32 p. (Paris, Amat, s. d. [1904]). On lit, p. 32 : « Castellamare, le 21 novembre 1878, Marie de la Croix, victime de Jésus, née Marie Calvat, bergère de la Salette. — Nihil obstat : imprimatur. Datum Lycii [Lecce] ex curia Epli, die 15 nov. 1879. » — La date 1904 est celle donnée par l'imprimeur, p. 32, dernière ligne.

P. Carlier, missionnaire de la Salette : L'apparition de Notre-Dame sur la montagne de la Salette, in-8°, 120 p. (chez l'auteur, Tournai, 1905). L'ouvrage a paru d'abord dans le « Bulletin des œuvres des missionnaires de la Salette ».

TABLE

Poitiers. — Imprimerie Blais et Roy, 7, rue Victor-Hugo.

www.ingramcontent.com/pod-product-compliance
Ingram Content Group UK Ltd.
Pitfield, Milton Keynes, MK11 3LW, UK
UKHW021118220726
13924UKWH00004B/1793